Do Sonho à Realidade

Grupos de Estudo da ABRH-BA

ABRH-BA
SISTEMA NACIONAL ABRH
Associação Brasileira de Recursos Humanos

CATARINA COELHO MARQUES
(ORGANIZADORA)

Do Sonho à Realidade

Grupos de Estudo da ABRH-BA

QUALITYMARK

Copyright© 2004 by Catarina Coelho Marques – ABRH-BA

Todos os direitos desta edição reservados à Qualitymark Editora Ltda.
É proibida a duplicação ou reprodução deste volume, ou parte do mesmo, sob qualquer meio, sem autorização expressa da Editora.

Direção Editorial
SAIDUL RAHMAN MAHOMED
editor@qualitymark.com.br

Produção Editorial
EQUIPE QUALITYMARK

Capa
WILSON COTRIM

Editoração Eletrônica
MS EDITORAÇÃO

CIP-Brasil. Catalogação-na-fonte
Sindicato Nacional dos Editores de Livros, RJ

D66

Marques, Catarina Coelho

Do sonho à realidade : Grupos de Estudo da ABRH-BA / Organizadora Catarina Coelho Marques. — Rio de Janeiro : Qualitymark, 2004

Inclui bibliografia
ISBN 85-7303-481-5

1. Recursos Humanos. I. Marques, Catarina Coelho. II. Associação Brasileira de Recursos Humanos, seccional Bahia.

04-0422

CDD 658.3
CDU 658.3

2004
IMPRESSO NO BRASIL

Qualitymark Editora Ltda.
Rua Teixeira Júnior, 441
São Cristóvão
20921-400 – Rio de Janeiro – RJ
Tel.: (0XX21) 3860-8422

Fax: (0XX21) 3860-8424
www.qualitymark.com.br
E-Mail: quality@qualitymark.com.br
QualityPhone: 0800-263311

Agradecimentos

A Deus, Senhor do Universo, que me possibilitou escrever e transformar este projeto dos Grupos de Estudo em um produto da Associação Brasileira de Recursos Humanos – Seccional Bahia.

Aos meus filhos André e Karine, companheiros e eternos amigos, que abdicaram de muitos dos nossos momentos, por entenderem a importância e a dimensão desse sonhar coletivo.

A Carlos Pessoa dos Santos, Presidente da ABRH-BA, que acreditou na minha capacidade de coordenar e conduzir o projeto.

A Elisabeth França, minha especial amiga, que tantas vezes discutiu comigo a sua formulação, contribuindo para que ele tomasse forma e fosse apresentado como uma contribuição da Diretoria Técnica da ABRH-BA.

Aos Diretores e ao Conselho de Representantes da ABRH-BA, que apoiaram o seu lançamento e a sua execução.

Aos Patronos, Coordenadores e Vice-Coordenadores dos Grupos, que aceitaram o convite para compartilhar deste processo, por entenderem a importância da construção conjunta.

Aos Associados da ABRH-BA, principais autores e atores deste livro, com quem tive o prazer de conviver e aprender durante esta caminhada.

Às "meninas" da ABRH-BA, Janete e Rosana, sempre prontas a ajudar e a resolver os problemas de ordem administrativa e operacional.

A todos aqueles que contribuíram direta ou indiretamente para que este sonho pudesse se transformar em realidade meus profundos agradecimentos.

Prefácio

A minha participação neste livro é muito mais uma oportunidade de prestação de contas aos associados do que contribuição ao mesmo. Na condição de Presidente da Diretoria Executiva da ABRH-BA coube-me, por Estatuto, escolher os membros da Diretoria que conduziria os destinos da Associação no triênio 2001-2003.

Resgatando o discurso que pronunciei no dia da posse da Diretoria, encontrei a seguinte referência aos Diretores: "Escolhemos, para compor a Diretoria da ABRH-BA, profissionais de alto nível, dentre os melhores do mercado. E são eles que darão um grande orgulho a todos os baianos, quando nossa ABRH for uma referência nacional".

Todos os Diretores desempenharam bem os seus papéis mas aqui faço, por justiça, um elogio mais do que merecido a nossa estimada Diretora Técnica, Catarina Coelho Marques.

Catarina não só apresentou a idéia da constituição dos Grupos de Estudo como deu aos mesmos uma roupagem especial.

Até então, as Seccionais da ABRH nos estados vinham abrigando os grupos informais existentes, alguns deles com maior tempo de vida do que a própria ABRH, como se verifica em São Paulo, apenas para citar um exemplo. Noutros casos, havia a estimulação da criação de grupos informais, mas fora da estrutura da Associação. Pelo que sei, a Diretora Técnica da ABRH-BA foi a primeira e talvez a única até o momento a criar grupos direcionados aos assuntos e não aos segmentos empresariais.

Outra estratégia até certo ponto inovadora foi a de constituir Patronos para os respectivos grupos. O usual é o grupo ter um coordenador e a idéia do Patrono valorizou a atividade, o grupo e o tema da discussão.

A publicação do presente trabalho que, em síntese, representa um longo tempo de estudos, é uma contribuição inestimável a todos os empresários, profissionais de RH e interessados em conciliar ou comparar referenciais teóricos com a aplicação prática.

Todas as experiências são válidas. Alguns grupos foram brilhantes em sua trajetória; outros ficaram pelo meio do caminho. Qual a explicação para isso?

As pessoas não reagem da mesma forma aos mesmos estímulos. Nem todas dão o mesmo valor às mesmas coisas. Por isso, até a história dos grupos que feneceram tem sua importância neste contexto.

A leitura atenta do relato de experiências dos vários grupos nos conduz a algumas reflexões, como, por exemplo: existe uma forma adequada para mensurar os resultados dos treinamentos?

Tomás Grigera, um profissional de Recursos Humanos de uma empresa petroquímica da Argentina, com quem tive a felicidade de compartilhar alguns trabalhos na área de Recursos Humanos, dizia que em treinamentos operativos a mensuração do desenvolvimento ou aprendizado é até fácil. Em desenvolvimento de gestão ou comportamental é muito difícil, principalmente a curto prazo. Por isso, aconselhava Grigera: "Ao invés de colocarmos esforços em quantificar o treinamento, devemos colocar esforços em ajudar".

Outro assunto que sempre preocupa os empresários e os profissionais de Recursos Humanos é a rotatividade da mão-de-obra. A rotatividade acentuada tem custos incomensuráveis; quer pelos valores envolvidos nas quitações, quer pelos custos de seleção e treinamento dos substitutos. Ancorados em referenciais teóricos de grandes estudiosos do comportamento humano o Grupo RH Hotelaria, por exemplo, analisa, com base em extensa pesquisa realizada no segmento, o fenômeno de rotatividade em Hotéis. Todos os grupos oferecem, nesta experiência, grandes contribuições à área de RH. Este é o primeiro livro do grupo, cujo relato de experiências começou a ser produzido por escrito e divulgado com a edição da "Cartilha" sobre Responsabilidade Social.

Estou contente e até orgulhoso em presidir a ABRH-BA da atualidade. Nossa gestão foi marcada pela inovação, que resultou na criação de novos e importantes produtos para a associação.

Por fim, resgato outro trecho do discurso que pronunciei em nossa posse, em fevereiro de 2001: "A nossa associação deverá se posicionar com relação aos grandes temas nacionais que se correlacionem com a permanência, a dignidade e o equilíbrio dos Recursos Humanos nas organizações". Foi baseado nesta afirmativa que a ABRH-BA liderou as iniciativas do Sistema Nacional ABRH para conseguir um lugar no Fórum Nacional do Trabalho, ocasião em que contamos com o inestimável apoio do Ministro Jacques Wagner.

Mas confesso que, dentre todos os produtos, se é que assim podem ser chamados os eventos de RH, os que oferecem maiores contribuições técnicas são os Grupos de Estudo. Por isso, quero registrar neste espaço a gratidão de nossa associação aos abnegados e competentes profissionais que tanto deram, para receber tão pouco. São todos voluntários por uma causa maior – O SER HUMANO.

À Catarina, a incansável Diretora Técnica, que com competência criou, coordenou e dirigiu os trabalhos, rendo as minhas mais sinceras homenagens.

Carlos Pessoa dos Santos
Presidente da ABRH-BA

Sumário

Introdução XIII
História e Produção dos Grupos 1
Era uma Vez um Projeto... 2

Grupo I
RH Hotelaria 11

Grupo II
Cidadania Empresarial 73

Grupo III
Recrutamento e Seleção de Talentos 89

Grupo IV
Treinamento e Desenvolvimento 117

Grupo V
Jogos Empresariais e Vivências 139

Grupo VI
Inovações em Gestão de Pessoas 187

Grupo VII
Holos – Uma Nova Visão do Ser Humano 201

Material Utilizado na Construção Grupal 211
Considerações Finais 273

Introdução

Este livro foi escrito para ser lido com a mente, mas principalmente com o coração. Fala de fatos reais, de vivências grupais.

Fala de métodos utilizados na construção de grupos de estudo, de um caminho percorrido entre surpresas, contradições, imprevistos, mas também certezas, vontade de acertar e compromisso com o outro, colega de estrada.

Fala de pessoas que acreditaram que poderiam compartilhar saberes, experiências, tornando-se atores na transformação das suas vidas, dos seus grupos de trabalho, das suas Organizações. Pessoas que entenderam que a vida é uma constante relação dialética, onde o ser e o não ser perpassam por uma compreensão maior do existir. Pessoas que aprenderam que a realização pessoal se reflete em ação coletiva que vai crescendo em cadeia, produzindo chaves que possibilitam a abertura de muitas portas para novos conhecimentos compartilhados.

Esta coletânea objetiva trazer contribuições reais à discussão da formação de grupos de estudo. Trata-se da narração de uma prática experimentada pelos participantes dos diferentes grupos, servindo de referência para o leitor que se interesse por este tipo de saber grupal. Apresenta o resultado de uma tarefa realizada por um movimento coletivo dos integrantes dos grupos de estudo da ABRH-BA, tendo como finalidade a descoberta de novas formas de fazer e acontecer na área de desenvolvimento e gestão de pessoas.

Inicialmente traz a história sobre a concepção do projeto, a formação dos grupos e os objetivos propostos. Em seguida descreve o caminho percorrido por cada grupo quanto à sua construção, metodologia utilizada, acertos e erros, avanços e retrocessos e produtos elaborados.

Finalmente coleta e apresenta material utilizado na sua concepção, anexando o regimento, modelos de formulário, questionários utilizados no levantamento de dados, roteiros de trabalho, folder dos encontros, artigos escritos e publicados sobre os vários momentos grupais. A idéia é poder disponibilizar alguns recursos utilizados pelos grupos, com o objetivo de facilitar a elaboração de outros tantos a serem construídos pelos leitores, interessados nesta formação.

Espera-se que este livro venha a contribuir de alguma forma para todos aqueles que militam na área de gestão de pessoas, por entender que "ser formador não é somente encontrar prazer em ser outro em ressonância com os fantasmas dos outros. É poder despertar possibilidades adormecidas, fazer viver experiências, ativar o intercâmbio profundo entre os homens" (Diana Laura Salzman).

Catarina Coelho Marques
Organizadora

História
e Produção
dos Grupos

Era uma vez um projeto...

... que começou a ser pensado em julho de 2001, ao assumirmos a Diretoria Técnica da ABRH-BA. Cada diretor deveria apresentar um projeto e ser responsável pela sua condução e operacionalização.

Devido à experiência do trabalho com grupos, achamos oportuna a proposta de criação dos grupos de estudo na ABRH-BA, que teriam o papel de provocar discussões sobre temas pertinentes à área de gestão de pessoas, buscando, através do somatório das vivências, a garantia na construção de conteúdos significativos e consistentes para as empresas participantes. Estes viriam a contribuir para o exercício da criatividade, da reflexão, do senso crítico, do raciocínio lógico, da argumentação, da negociação, bem como da aquisição de novos conhecimentos.

Teriam, então, o objetivo de promover a integração, a geração de novos saberes e a troca de experiências entre as organizações, entidades públicas e privadas e entre elas e a ABRH-BA, através da discussão das inovações e tendências na área de gestão de pessoas, buscando o crescimento e o desenvolvimento do seu capital humano e social. Deveriam também produzir material técnico-científico, visando a sua publicação sob forma de livro ou coletânea de textos/artigos, no término da gestão 2001-2003.

Buscariam os seguintes resultados: o fortalecimento das políticas de gestão de pessoas nas empresas participantes; a habilidade do profissional de RH em se voltar para o negócio da empresa, sendo capaz de criar estratégias de trabalho, com foco na leitura do mercado; subsidiar a organização com novos saberes e novas práticas voltadas para resultados (maior produtividade, ascensão no mercado, etc.); promoção da integração dos profissionais da área de gestão de pessoas, dos diversos segmentos do mercado; desenvolvimento de novas competências no que tange à sua área de mercado (competências de articulação, de negociação, de relacionamento, de leitura do negócio da empresa).

A condição para participação nos grupos seria a de ser associado e de possuir formação e/ou experiência na área de gestão de pessoas.

Inicialmente, como sugestão, foram criados dez grupos: Treinamento e Desenvolvimento, Recrutamento e Seleção de Talentos, Holos – Uma Nova Visão do Ser Humano, RH Hotelaria, Jogos Empresariais e Vivências, Inovações em Gestão, Cidadania Empresarial, Saúde Ocupacional, Gestão da Remuneração e Mão-de-Obra Temporária e Terceirização de Serviços, sendo que estes três últimos não aconteceram por falta de demanda. Seis grupos iniciaram seus encontros em março de 2002 e somente em junho aconteceu a primeira reunião do Grupo de Cidadania Empresarial.

O lançamento oficial do projeto deu-se no dia 6 de dezembro de 2001 com a presença de Maria Rita Gramigna, consultora e patrona do grupo de Jogos Empresariais e Vivências, que nos brindou com uma palestra sobre equipes e processos vinculares. Nesta ocasião, foram formalmente apresentados o projeto, assim como os Patronos e Coordenadores dos grupos.

Mesa de abertura do lançamento do projeto dos Grupos de Estudo da ABRH-BA – 6/12/2001

Lançamento do projeto dos Grupos de Estudo – Vivência conduzido por Maria Rita Gramigna – 6/12/2001

Coquetel de lançamento do projeto dos Grupos de Estudo da ABRH-BA – 6/12/2001

Em seguida ao lançamento, estabeleceu-se um cronograma de trabalho, onde os meses de janeiro e fevereiro/2002 foram reservados para a inscrição dos associados nos grupos, mapeamento dos grupos por área de preferência dos associados, através do preenchimento das fichas de inscrição, convites e contatos com patronos e coordenadores. A minuta do projeto foi disponibilizada no site da ABRH-BA para que o associado pudesse se filiar. Houve, na ocasião, uma surpreendente corrida aos grupos, chegando-se a contar com quarenta inscritos em T&D e quarenta e dois em Inovações em Gestão.

Era preciso então um exercício de fortalecimento vincular entre patronos, coordenadores e ABRH-BA, para que o processo pudesse ser iniciado em março/2002. E assim aconteceu. Foi promovida uma primeira reunião em 20 de fevereiro, com o objetivo de integração, de apropriação do projeto e de discussão sobre a formação de cada um dos grupos.

Ainda em fevereiro, dia 25, um segundo encontro para aprovação do regimento, sendo acordados data e local para o primeiro encontro de cada grupo. Em 26 de março, uma terceira reunião, com a seguinte pauta: retrato do primeiro encontro – impressões e expectativas; cronograma das reuniões seguintes; temas escolhidos para estudo e planejamento para o segundo encontro de cada grupo. Em 9 de maio, um quarto momento, para avaliação da caminhada de cada um e discussão sobre o material a ser produzido como objeto de apresentação no primeiro encontro de todos os grupos, em agosto de 2002.

Concomitantemente às reuniões com os coordenadores, os diversos grupos de estudo foram se estruturando, trabalhando temas escolhidos e construindo o seu processo grupal. Muitas foram as situações de aprendizagem vividas por cada um deles.

Em 1 de agosto de 2002, o grande encontro dos grupos! Muitas expectativas e também muito sucesso. Cada grupo, de uma forma própria e diferenciada, apresentou sua caminhada.

Mesa de abertura do I Encontro dos Grupos de Estudo da ABRH-BA – 1/8/2002

I Encontro dos Grupos de Estudo da ABRH-BA – Integração conduzida por Kau Mascarenhas – 1/8/2002

O último grupo a se apresentar, Holos – Uma Nova Visão do Ser Humano, fechou com chave de ouro o espetáculo. Trouxe através de uma representação teatral, tendo como atores os membros do grupo e seus filhos e como diretora a psicóloga Dagmar Abreu (também participante do grupo), uma apologia sobre a preservação da natureza e a importância da conexão entre tudo e todos no grande Universo. O holismo como a grande chave para a perpetuação da vida no Planeta.

Os meses foram passando e os encontros acontecendo. De um lado, o grupo dos patronos, coordenadores e diretoria técnica e, do outro, os demais grupos de estudo, construindo o fazer grupal.

Em 11 de dezembro de 2002, o segundo grande encontro dos grupos!

Mesa de abertura do II Encontro dos Grupos de Estudo da ABRH-BA – 11/12/2002

Desta vez, pensou-se na utilização de uma estratégia cuja apresentação fosse única para todos. Surgiu a idéia da montagem de um espetáculo, que recebeu o seguinte título: "AS PESSOAS FAZEM A DIFERENÇA NAS ORGANIZAÇÕES DE SUCESSO". O argumento foi produzido pelos grupos de estudo, contracenado pelos próprios integrantes e contou com a direção teatral de Chico Nascimento e Amanda Maia. Foi realmente um grande momento para todos e especialmente para a coordenação técnica, que viu brotar os frutos daquele esforço coletivo. Daquele trabalho a muitas mãos!

II Encontro dos Grupos de Estudo da ABRH-BA — Apresentação da peça teatral "Você Faz a Diferença" — 11/12/2002

Elenco da peça "Você Faz a Diferença" — Grupo Experimental da ABRH-BA — 11/12/2002

A história continuou acontecendo. Em janeiro de 2003, porém, começava a ser sentido um esvaziamento em alguns grupos, até mesmo provocado pela dinâmica natural dos compromissos pessoais e profissionais de cada um. A coordenação, então, agendou um encontro com os coordenadores para o dia 12 de fevereiro, com a seguinte pauta: avaliação da construção dos grupos durante o ano de 2002; relação nominal dos associados que continuavam freqüentando as reuniões e as estratégias a serem utilizadas nos trabalhos em 2003. Foi sugerida pelo grupo a realização de uma oficina de integração, que aconteceu em 17 de março, buscando conhecer melhor um ao outro, alinhar as expectativas, discutir o propósito dos grupos, identificar as potencialidades e os desafios e traçar coletivamente o melhor caminho a ser trilhado no ano de 2003. Foram todos convidados a partilhar deste momento e a sua condução ficou a cargo do grupo de Jogos Empresariais e Vivências, representado por Edvania Landim e Vânia Rabelo.

Neste trabalho foi delineado o perfil de cada grupo, utilizando a ferramenta do psicodrama, apresentando o processo grupal através de imagens congeladas. Levantou-se também as potencialidades e vulnerabilidades de cada grupo e também da ABRH-BA, sendo sugeridas outras formas de validar os estudos dos grupos e assegurar a sua continuidade, inclusive o repensar da missão/objetivo, produto e cronograma para o ano de 2003.

Um novo momento foi agendado para 30 de abril, oportunidade em que os grupos trouxeram sua missão, temas a serem estudados e cronograma. A partir deste encontro, os grupos foram abertos para novos associados e novas possibilidades.

Nesta caminhada alguns grupos conseguiram se fortalecer revendo posições e tornando-se mais coesos, outros foram quase que totalmente refeitos (tendo sido praticamente compostos por novos membros) e ainda houve os que não resistiram em 2003: Inovações em Gestão de Pessoas e Holos – Uma Nova Visão do Ser Humano.

Não importa muito que o material produzido pelos grupos não tenha sido homogêneo nas suas consistência e forma. O que mais importa é que, dentro das possibilidades e limitações de cada um, experimentaram a sensação de ter podido construir algo que foi fruto de uma escolha coletiva e compartilhada.

Trabalhar com grupos é e será sempre um desafio, porque a riqueza das suas nuances é o que imprime forma ao seu viver e estar no mundo. Isto faz com que sejam revistos os processos individuais dentro de um olhar coletivo, que transforma o EU em NÓS.

Catarina Coelho Marques

Grupo I

RH Hotelaria

Componentes

DE 2002 A OUTUBRO/2003

- Albano Moura
- Ana Márcia Almeida
- Anderson Mansano
- **Ângela Augusta de Souza (Patrona)**
- Eliana Maia
- Emília Leitão Guerra
- **Gláucia Barcelos (1ª Coordenadora)**
- Heloína Noronha Sarmento
- Isabelle Andrade Brito
- Josete Carvalho
- Juvenal Galvão
- Lídia Isabel Macedo
- Luciano Agostini
- Marcelo Bandeira
- **Márcia Leite Prudente (3ª Coordenadora)**
- **Márcia Luiza Valência (2ª Coordenadora)**
- Paulo de Tarso Barreto
- Tâmara Siebner Franken
- Rita Bicalho

NOVEMBRO/2003

- Albano Moura
- Ana Márcia Almeida
- **Ângela Augusta de Souza (Patrona)**
- **Elisa Lustosa (4ª Coordenadora)**
- Eliana Maia
- Heloina Noronha Sarmento
- Maria Luisa Sampaio
- Márcia Leite Prudente
- Paulo de Tarso Barreto
- Rita Bicalho

Grupo RH Hotelaria – Nossa História

Há uma cena inesquecível no filme "Perfume de Mulher", na qual o personagem vivido por Al Pacino, o cego, convida uma moça para dançar e ela diz: "Não posso, porque meu noivo vai chegar em poucos minutos..." e ele responde: "Mas, em poucos minutos, se vive uma vida..." e a conduz nos passos de um tango...

O grupo RH Hotelaria teve uma história parecida. Ao se estruturarem os grupos de estudo, foi sugerida a criação de um grupo voltado para este segmento, que pudesse estar estudando sobre os processos de capacitação e retenção de profissionais nesta área, tendo em vista principalmente o grande índice de rotatividade que existe nos hotéis, dos seus recursos humanos.

Aceita a sugestão dada pela Diretora de Relações Empresariais da ABRH-BA, Ângela Souza, foi a mesma convidada pela Diretoria Técnica a ser a patrona do referido grupo. "Por não saber que era impossível, foi lá e fez..."

Dificuldades foram enfrentadas na caminhada, mas também muitas alegrias vividas. O filme acima referido nos reporta a muitas cenas vivenciadas pelo grupo, que ao final conseguiu construir um trabalho bonito, uma sintonia fina e delicada entre os participantes, sobreviventes de tantas e tantas dificuldades.

Assim, nosso Grupo RH Hotelaria "aconteceu", fazendo planos de atingir cada vez mais o completo êxito naquilo que se propôs a fazer. Vamos falar um pouco do que aconteceu e o que conseguimos como produto efetivo e de interesse para a Comunidade Hoteleira.

– Por favor, não vá se atrasar! Veja se dá para chegar uma hora antes para acertarmos todos os detalhes! – dizia Gláucia Barcelos, nossa primeira Coordenadora do Grupo.

Estávamos todos ansiosos, cheios de expectativas, dúvidas, questionamentos, mas, ao mesmo tempo, confiantes e cheios de sonhos. Afinal, tudo estava preparado. Programação completa desde abertura, apresentação de Diretoria, patrona, coordenadora, participantes, integração, músicas adequadas, apresentação em Power Point, horário e tempo cronometrado para cada apresentação... E, o mais importante, o Regimento, que determinava todos os passos a serem seguidos pelo grupo. Este foi apenas o primeiro grande momento.

Em 18/3/2002 aconteceu a reunião mais completa, organizada, contando com a presença de quatorze participantes. Após as apresentações de todos, foram levantadas as expectativas do grupo, através de uma integração realizada pela diretora técnica da ABRH-BA:

- Contribuir para o desenvolvimento profissional do setor de Hotelaria e Turismo, melhorando as relações humanas.
- Conhecimento, troca e aprofundamento na área de RH.
- Atingir todas as nossas metas e objetivos e ver publicadas as nossas matérias.
- Estudar e elaborar matérias bem fundamentadas teoricamente, de alto padrão tecnológico e que sejam efetivamente aplicáveis e práticas.
- Maior conhecimento e integração das áreas de RH.
- Adquirir novos conhecimentos e aplicá-los no cotidiano, além de ampliar o leque de pessoas/relacionamentos.
- Que a produção/produto do grupo seja implementada na prática e acompanhada pelo grupo.
- Estudar o comportamento das pessoas que trabalham nos hotéis; fazer pesquisas e ouvir os colaboradores.
- Que o grupo de estudo em RH Hotelaria seja um espaço de troca de experiências e idéias trazendo como resultado a produção de trabalhos científicos e soluções em RH para o dia-a-dia dos hotéis.

- Identificar temas em RH que possam contribuir para processos inovadores em serviços hoteleiros, aplicáveis no dia-a-dia no desenvolvimento da base dos recursos (camareiras, garçons, etc.).
- Haver um modelo metodológico que oriente o grupo de estudo para ampliar os conhecimentos técnicos e teóricos.
- Troca de experiências, reavaliação de conceitos, desenvolvimento.

Neste encontro foram eleitos o Vice-Coordenador, os 1º e 2º Secretários, e estabelecido um cronograma de reuniões para 2002. Também foi assinado um termo de compromisso pelos presentes (transcrito a seguir), como forma de comprometimento pelo sigilo dos acontecimentos, das informações e das vivências de todo o Projeto.

COMPROMISSOS DO GRUPO – 2002

Equipes são pessoas que se comprometem com um objetivo comum. Em alguns momentos colaboramos, em outros recebemos. Para isso é preciso tolerância, respeito, simplicidade, responsabilidade e cooperação. A equipe se fortalece quando as pessoas criam vínculos.

Um grupo funciona melhor e com melhores resultados quando seus membros concordam com as condições de funcionamento do mesmo.

O respeito pelas diferenças individuais e a necessidade de cada um de se sentir incluído ajudam a criar situações em que ambas as partes são "vencedoras", com todos dando e recebendo, assim facilitando o processo de se alcançar o objetivo grupal.

> O compromisso do grupo é um passo importante na construção da confiança.

Alguns aspectos que assumo me comprometer com relação a este grupo:

SIGILO GRUPAL

- As experiências e informações surgidas e levantadas nos trabalhos serão por mim utilizadas exclusivamente para os trabalhos do grupo de estudo.

Freqüência

- Minha freqüência aos encontros é fundamental para que cada participante possa acompanhar o ritmo dos temas trabalhados e os processos grupais, assim como contribuir efetivamente para o crescimento da equipe e do trabalho.

- Quando houver necessidade de faltar, avisarei (Patrono, Coordenador ou Secretários) com antecedência, para que as pessoas não fiquem na expectativa da minha presença.

Comprometimento

- Comprometo-me a receber, oferecer e colaborar com conhecimento, experiência e trabalho, buscando o fortalecimento da equipe para atingir o objetivo comum.

Desligamento

- Se houver necessidade de meu desligamento devo informar ao grupo.

Data: ____ / ____ / ____

Assinatura: _____

Para a reunião seguinte ficou agendada a realização de um diagnóstico de como os hotéis estavam trabalhando a área de RH, procurando comparar a estrutura existente com a ideal. Foram, assim, selecionados alguns Hotéis Executivos, Resort e de Lazer.

A história estava apenas começando e mal sabíamos todas as alegrias e adversidades pelas quais passaríamos, como Grupo e como Indivíduos.

No próximo encontro houve a apresentação do levantamento efetuado nos hotéis acordados. Chegou-se à conclusão de que, de maneira geral, trabalham de uma mesma forma, na sua maioria paternalista e autoritária. Como proposta para o mês seguinte, estabeleceu-se a visita em hotéis menores, a troca do material pesquisado entre as equipes, bem como a apresentação das propostas de temas a serem desenvolvidos pelo grupo.

Neste período, a coordenadora ficou impossibilitada de continuar assumindo o grupo e pediu a sua substituição, o que foi anunciado no quarto encontro pela patrona do grupo, assumindo em seu lugar a vice-coordenadora, Márcia Valência.

Como tema a ser trabalhado foi eleito pelo grupo o estudo da "Rotatividade nos Hotéis", tendo em vista que para entender a hotelaria tornava-se necessário o conhecimento das questões ligadas à rotatividade dos seus colaboradores.

Embasado e amparado pela experiência de pesquisa de Ana Márcia e Heloína (componentes do grupo), com o pré-projeto já pronto (material originário da monografia de ambas), o grupo começou a delinear o trabalho.

Grupo RH Hotelaria – Apresentação por Márcia Valência do material produzido pelo Grupo no I Encontro dos Grupos – 1/8/2002

Em novembro de 2002, foi convidado a participar da Missão Brasileira de Recursos Humanos no SuperClubs em Sauípe, onde teve a oportunidade de conhecer as experiências de programas de Gestão de RH, por ele desenvolvidos, assim como cases de outras empresas.

A participação neste evento proporcionou um ganho de experiência que ajudou o grupo a nortear um planejamento de ações para o desenvolvimento dos trabalhos, como também uma ótima sinergia que favoreceu a integração entre todos os componentes.

Os meses foram passando e chegou o momento de apresentação dos trabalhos produzidos durante o ano de 2002. O grupo RH Hotelaria pôde contribuir de uma forma mais efetiva, indicando Amanda Maia, diretora teatral e filha de Eliana Maia (uma componente do grupo), para dirigir a peça teatral juntamente com Chico Nascimento (amigo de Célia Urpia, coordenadora do grupo T & D). Também Heloína disponibilizou a contribuição de sua filha Silvia Sarmento, jornalista, que escreveu os releases para o folder.

No ano de 2003, com a saída de alguns componentes, o grupo se tornou menor, o que veio a contribuir para o fortalecimento das relações interpessoais.

Por não mais necessitar de grandes espaços para acontecer, os integrantes foram disponibilizando as suas casas para os encontros, servindo também para o estabelecimento de vínculos mais fortes.

Assim, as reuniões passaram a acontecer na ABRH-BA, nos escritórios de Angela Souza e de Heloína, nas casas de Márcia Valência e de Paulo, bem como no Hotel de Rita Bicalho. Ficaram poucos, mas comprometidos e abertos a receber quem quisesse chegar...

E o trabalho continuou... Como disse Márcia Valência: "Abrir as portas dos hotéis cinco estrelas e três estrelas para pesquisa de campo foi uma operação para Robbin Wood, pois falar com a operação é falar com o coração do hotel. É conhecer como ele vive no dia-a-dia" e isto traz a preocupação e o comprometimento com o sigilo e com as "histórias" que não podem ser contadas.

As pesquisas foram se estruturando e se tornando válidas através da aplicação de dois questionários, um a nível operacional e outro a nível gerencial, oferecendo subsídios para a construção do tema proposto.

Os hotéis foram escolhidos para a coleta do material e a ABRH-BA forneceu carta de apresentação para facilitar o acesso do grupo.

Momento de mudanças... Chegou a hora da Coordenadora Márcia Valência sair de licença-maternidade. Reunidos na ABRH-BA, com a presença de Catarina, foi discutida a referida substituição temporária, sendo indicada para o cargo a integrante Márcia Leite que, mesmo externando a sua indisponibilidade de tempo, aceitou assumir o desafio contando com a cooperação e o esforço conjunto do grupo para dar continuidade aos trabalhos.

As reuniões passaram a acontecer com menor freqüência e os contatos via e-mail se intensificaram. Os integrantes do grupo assumiram responsabilidades diferenciadas: aplicação e finalização das pesquisas, compilação de dados, tabulação, fundamentação teórica, análise e conclusão, histórico do grupo...

Entre um encontro e outro a dinâmica foi mudando e os papéis substituídos. Esperávamos o retorno de Márcia Valência ao nosso grupo, quando fomos comunicados de sua transferência para São Paulo.

Rotatividade de situações, experiências adquiridas, desafios e mais desafios...

Contudo, não se configurou empecilho para que o grupo alcançasse a sua meta. A história continuou... Mais uma integrante chegou para somar aos esforços de finalização do trabalho: Elisa Lustosa.

Os dados tabulados tomaram forma. A leitura do material para o referencial teórico foi realizada e concluiu-se a formatação do texto. Sensação de alívio! Missão cumprida! Apesar de todos os obstáculos, o grupo sobreviveu e ficou mais unido do que nunca. Entendeu que tinha um objetivo e buscou alcançá-lo.

"A Lição do Fogo"

Um membro de um determinado grupo, sem qualquer aviso, deixou de participar de suas atividades.

Após algum tempo, sem notícias, o Líder do Grupo resolveu visitá-lo. Era uma noite muito fria. O Líder encontrou o homem em casa, sozinho, sentado diante da lareira, onde ardia um fogo brilhante e acolhedor.

Adivinhando o motivo da visita, o homem cumprimentou o Líder, acomodando-o em uma cadeira, perto da lareira. Ficou quieto, esperando. O Líder não disse nada. No silêncio sério que se formou, apenas contemplava a dança das chamas em torno das achas de lenha, que ardiam.

Após algum tempo, o Líder examinou as brasas que se formaram e cuidadosamente selecionou uma delas, a mais incandescente de todas, empurrando-a para o lado. Voltou então a se sentar, permanecendo silencioso e imóvel. O anfitrião prestava atenção a tudo. Aos poucos, a chama da brasa solitária diminuía, até que houve um brilho momentâneo e seu fogo se apagou de vez.

Em pouco tempo, o que antes era uma festa de calor e luz, agora não passava de um negro, frio e morto pedaço de carvão recoberto de uma espessa camada de fuligem acinzentada. Nenhuma palavra tinha sido dita desde o protocolar cumprimento inicial entre os dois amigos.

O Líder, antes de se preparar para sair, manipulou novamente o carvão frio e inútil, colocando-o de volta no meio do fogo. Quase que imediatamente ele voltou a incandescer, alimentado pela luz e pelo calor dos carvões ardentes em torno dele.

Quando o Líder alcançou a porta para partir, seu anfitrião disse: "Obrigado, por sua visita e pelo belíssimo sermão. Estou voltando ao convívio do Grupo." (Autor Desconhecido.)

Os membros de um Grupo fazem parte da mesma chama de entusiasmo. Juntos, são responsáveis por manter a chama brilhante, para que o fogo seja realmente forte, eficaz e duradouro. Distantes, esses membros perdem o brilho intenso e apagam a chama do entusiasmo, da inovação, da possibilidade de criação de um bem maior para a Comunidade em que vivem. Esta é a verdadeira intenção da existência do Grupo.

Os Líderes são responsáveis por tentar manter a chama acesa e promover a união, mas, só a Força de Vontade, o Comprometimento e o Interesse de cada um promovem a União e a Concretização da Realização do Ideal.

Rotatividade nos Hotéis

Sumário

1. Introdução 23
2. Referencial Teórico 24
   - 2.1. Estrutura da Organização 24
   - 2.2. Subprocessos de Recursos Humanos 35
   - 2.3. Motivação 40
   - 2.4. Clima Organizacional 43
   - 2.5. Liderança 47
   - 2.6. Rotatividade de Pessoal 49
3. Metodologia 54
   - 3.1. Esquema de Variáveis 54
   - 3.2. Amostra 55
4. Apresentação dos Resultados 56
   - 4.1. Hotéis 3☆ – Colaboradores de Nível Operacional 56
   - 4.2. Hotéis 5☆ – Colaboradores de Nível Operacional 58
   - 4.3. Comparação dos Resultados dos Níveis Operacional e Gerencial – Hotéis 3☆ e 5☆ 60
   - 4.4. Fatores Responsáveis pela Rotatividade 62
5. Análise dos Resultados 66
   - 5.1. Nível Operacional 66
   - 5.2. Comparativo entre os Níveis Operacional e Gerencial 67
   - 5.3. Fatores Determinantes da Rotatividade 69
6. Conclusões 70

Referências Bibliográficas 71

1. Introdução

Com o crescimento do turismo em Salvador, que se transformou num centro de captação do turista doméstico e do internacional, tornou-se uma preocupação crescente dos gestores das organizações oferecer serviços de qualidade.

A sobrevivência das organizações no mercado atual, principalmente no setor de serviços, depende de sua competitividade, que é função direta da produtividade e da qualidade dos serviços prestados. Ainda hoje, na maioria das empresas, os funcionários têm cerceadas a sua capacidade de pensar e a sua criatividade, e, com isto, as organizações perdem as contribuições que só alguém que trabalha no processo pode apontar. Isto gera trabalhadores desmotivados e descomprometidos com a visão, a missão, os objetivos e as metas da empresa. Por isso, as organizações devem reconhecer que seu grande diferencial competitivo é ter o grupo de colaboradores valorizados e motivados envolvidos neste desafio de mudar o paradigma da administração hoteleira, atendendo de forma qualitativa o cliente.

A pesquisa teve como finalidade identificar quais são os fatores que exercem maior influência na rotatividade dos colaboradores de nível operacional.

Os hotéis escolhidos como amostra representaram os hotéis situados em Salvador padrões 5☆ e 3☆ destinados a hospedar executivos e os situados no Litoral Norte, padrões 5☆ destinados a hóspedes de lazer.

O resultado da pesquisa deverá ser divulgado nos hotéis situados em Salvador e Litoral Norte e poderá contribuir para a gestão de empreendimentos hoteleiros.

2. Referencial Teórico

2.1. Estrutura da Organização

O modo de distribuição das tarefas e a sua coordenação revelam como a organização está estruturada. "A estrutura de uma empresa é o instrumento final pelo qual a mão-de-obra, distribuída pelo desenho dos cargos, é reintegrada em uma totalidade significativa." Hollenbeck, 1999, p. 301. A estrutura também é definida por Mintzberg, 1995, p. 10 como "a soma total das maneiras pelas quais o trabalho é dividido em tarefas distintas e como é feita a coordenação entre essas tarefas". A coordenação das tarefas é feita através de alguns mecanismos básicos.

2.1.1. Mecanismos Básicos de Coordenação

As maneiras pelas quais as organizações coordenam suas tarefas são, segundo Mintzberg, 1995, p. 12, e Hollenbeck, 1999, p. 305, ajustamento mútuo, supervisão direta, padronização dos processos de trabalho, padronização dos resultados e padronização das habilidades dos trabalhadores. Na maioria das estruturas, dois ou mais desses mecanismos são empregados ao mesmo tempo para coordenar e integrar as atividades de trabalho entre as pessoas. Neste caso tem-se um mecanismo principal e os demais secundários.

Na Figura 2.1-1 e Quadro 2.1-1 são apresentados os mecanismos básicos de coordenação.

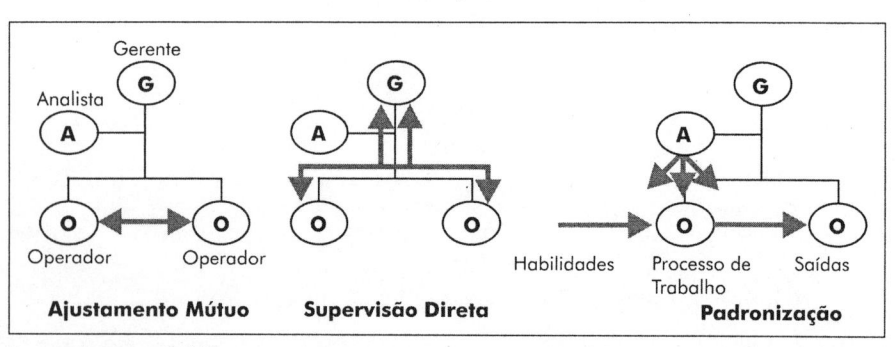

Figura 2.1-1

Fonte: Mintzberg, 1995.

Quadro 2.1-1
Mecanismos Básicos de Coordenação

Mecanismo		Definição
Ajustamento mútuo		Coordenação de processo de trabalho realizada pela troca de informações sobre esses procedimentos entre colegas de trabalho.
Supervisão direta		Direção e coordenação do trabalho de um grupo por uma pessoa que emite ordens diretas para os membros desse grupo.
Padronização	do processo de trabalho	Especificação de seqüências de processos e comportamentos para as tarefas.
	do produto	Estabelecimento de metas ou resultados finais desejados do desempenho da tarefa.
	de habilidades	Especificação das aptidões, conhecimentos e habilidades requeridas por uma determinada tarefa.
	de normas	Encorajamento de atitudes e convicções que o conduzam a comportamentos desejáveis.

Fonte: Hollenbeck, 1999.

2.1.1.1. Ajustamento Mútuo

No ajustamento mútuo a coordenação do trabalho é obtida pelo processo simples de comunicação informal. O controle e o modo como deve ser realizado o trabalho são feitos pelos próprios operadores. Segundo Hollenbeck, 1999, p. 301, o ajustamento mútuo "é a coordenação realizada por processos de comunicação interpessoal nos quais os que trabalham juntos e ocupam posições de autoridade hierárquica semelhante compartilham informações relacionadas ao trabalho". Geralmente acontece em organizações simples e com poucos funcionários ou em organizações grandes e complexas.

2.1.1.2. Supervisão Direta

Na supervisão direta a coordenação é realizada por meio de uma pessoa que instrui, monitora e assume a responsabilidade pelo trabalho executado pelos outros funcionários. Para Hollenbeck, 1999, p. 302, "um supervisor direto adquire a autoridade hierárquica para determinar quais tarefas precisam ser executadas, por quem e como elas estarão ligadas na produção do resultado final desejado".

2.1.1.3. Padronização

A padronização pode ser dos processos, das saídas destes processos ou das entradas que são as habilidades e conhecimentos das pessoas que o executam.

Segundo Mintzberg, 1995, p. 15, "na proporção em que o trabalho organizacional se torna mais complexo, os meios que facilitam a coordenação parecem mudar, do ajustamento mútuo para a supervisão direta, e depois para a padronização, de preferência para a dos processos de trabalho, ou, caso contrário, para a das saídas, ou ainda para a das habilidades, finalmente revertendo para o ajustamento mútuo inicial".

2.1.1.4. Escolha dos Mecanismos Básicos de Coordenação

Para Hollenbeck, 1999, p. 306, "dois fatores influenciam as escolhas dos mecanismos de coordenação: o número de pessoas cujos esforços devem ser coordenados para assegurar o desempenho satisfatório de tarefas interdependentes e a estabilidade relativa da situação na qual as tarefas devem ser executadas".

Para a coordenação de poucas pessoas o ajustamento mútuo funciona a contento. Se o número de pessoas cresce, a comunicação entre os membros se torna mais lenta e a produtividade cai. Neste caso, o ajustamento mútuo é substituído pela supervisão direta. Em algumas empresas o ajustamento mútuo continua presente como um mecanismo de coordenação complementar. Para um grupo maior de pessoas, a padronização assume a principal coordenação em lugar da supervisão direta, em virtude da sobrecarga de informações sobre o supervisor. A padronização, entretanto, requer estabilidade de regras e padrões de trabalho. O custo inicial de desenvolvimento de procedimentos é diluído por longos períodos de aplicação, o que torna a coordenação a longo prazo pouco dispendiosa. Em virtude da exigência de que as condições de trabalho permaneçam inalteradas, esta coordenação perde em flexibilidade para o ajustamento mútuo e para a supervisão direta.

2.1.2. Delineamento das Estruturas

A capacidade das organizações atingirem suas metas e satisfazerem aos mais diversos clientes é fortemente influenciada pelo delineamento de sua estrutura. A escolha do desenho mais apropriado deve atender aos fatores contingenciais e ter por finalidade a eficácia organizacional.

Dependendo da idade, fases de desenvolvimento, tamanho e tecnologia, a estrutura passa por alguns delineamentos procurando sempre atingir a eficácia organizacional.

Figura 2.1-2

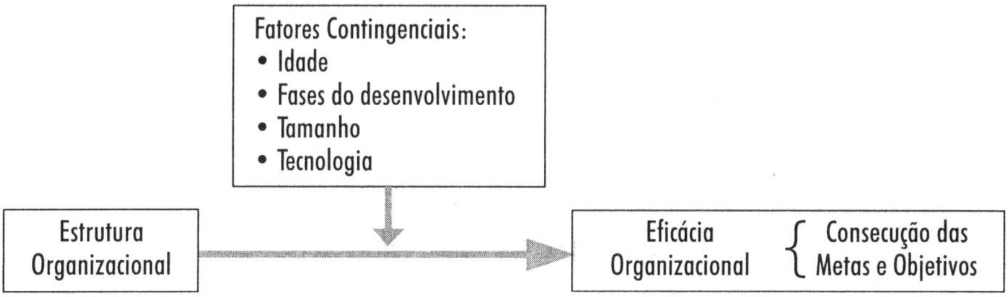

```
Fatores Contingenciais:
• Idade
• Fases do desenvolvimento
• Tamanho
• Tecnologia
```

Estrutura Organizacional → Eficácia Organizacional { Consecução das Metas e Objetivos

Fonte: Hollenbeck, 1999.

Os diversos tipos de estrutura se baseiam em dois conceitos distintos: a estrutura mecanicista e a estrutura orgânica. As estruturas mecanicistas possuem muitos níveis hierárquicos e são centralizadas, enquanto as orgânicas possuem poucos níveis hierárquicos e são descentralizadas. No Quadro 2.1-2 é apresentada uma comparação entre as estruturas mecanicistas e as estruturas orgânicas.

Quadro 2.1-2

Comparação entre Estruturas Mecanicistas e Orgânicas	
Estruturas Mecanicistas	**Estruturas Orgânicas**
• As tarefas são altamente especializadas. Geralmente não está claro para os membros como suas tarefas contribuem para a consecução dos objetivos organizacionais.	• As tarefas são amplas e interdependentes. A relação entre o desempenho da tarefa e a consecução dos objetivos organizacionais é enfatizada.
• As tarefas permanecem rigidamente definidas, a menos que formalmente alteradas pela cúpula da gerência.	As tarefas são constantemente modificadas e redefinidas por meio do ajuste mútuo por parte dos detentores de tarefas.
• Papéis específicos (direitos, deveres, métodos técnicos) são definidos para cada membro.	• Papéis generalizados (aceitação da responsabilidade pela realização de tarefas globais) são definidos para cada membro.

Comparação entre Estruturas Mecanicistas e Orgânicas (Cont.)	
• As relações de controle e autoridade são estruturadas numa hierarquia vertical.	• As relações de controle e autoridade são estruturadas em uma rede de conexões verticais e horizontais.
• A comunicação é basicamente vertical, entre superiores e subordinados.	• A comunicação é vertical e horizontal, dependendo de onde estejam as informações necessárias.
• A comunicação se dá principalmente na forma de instruções e decisões emitidas por superiores, feedback de desempenho e pedidos de decisões enviados pelos subordinados.	• A comunicação assume a forma de informação e conselho.
• Insistência na lealdade à organização e na obediência aos superiores.	O compromisso com as metas organizacionais é muito mais valorizado do que a lealdade ou a obediência.

Fonte: Burns e Stalker *apud* Hollenbeck, 1999.

Os tipos de estruturas funcionais, por processo, matriciais e modulares possuem características que variam entre estes dois conceitos. Quanto mais rígidas, mais mecanicistas são as estruturas e quanto mais flexíveis, mais orgânicas.

2.1.2.1. Estruturas Burocráticas

A burocracia surge no início do século XX, em conjunto com o Capitalismo, a partir de inúmeros fatores, como a economia do tipo monetário, o mercado de mão-de-obra, o surgimento do estado-nação centralizado e a divulgação da ética protestante.

As organizações burocráticas são monocráticas e estão sustentadas no direito da propriedade privada, tendo surgido como resposta aos novos valores e novas exigências impostas pela Revolução Industrial, em que as organizações procuraram se profissionalizar para atender às reivindicações dos trabalhadores por um tratamento justo e imparcial. O século XX representa o século da burocracia.

O principal teórico da burocracia foi Max Weber, através do estudo das organizações sob o ponto de vista estruturalista, enfocando a racionalidade, ou seja, a relação entre os meios e os recursos utilizados para o alcance dos objetivos com a máxima eficiência. A organização por excelência, segundo Weber, é a burocracia. Após o surgimento e o crescimento da burocracia, a teoria administrativa evolui, passando do estudo do ambiente organizacional para o enfoque interorganizacional.

Segundo Weber, a burocracia apresenta características próprias, conforme detalhado no Quadro 2.1-3.

Quadro 2.1-3

Características da Burocracia
1. Caráter legal das normas e regulamentos.
2. Caráter formal das comunicações.
3. Caráter racional e divisão do trabalho.
4. Impessoalidade nas relações.
5. Hierarquia de autoridade.
6. Rotinas e procedimentos standardizados.
7. Competência técnica e meritocracia.
8. Especialização da administração que é separada da propriedade.
9. Profissionalização dos participantes.
10. Completa previsibilidade do funcionamento.

As características da burocracia propõem uma organização baseada em normas e regulamentos previamente estabelecidos por escrito, que definem como a empresa deverá funcionar em todas as suas áreas, prevendo todas as ocorrências possíveis para enquadrá-la num esquema que regula tudo o que acontece na empresa. Segundo Weber, o caráter legal das normas existe por conferir às pessoas que detêm a autoridade um poder de coação e os meios coercitivos para impor e manter a disciplina dos subordinados. A comunicação acontece sempre por escrito e a existência de rotinas e formulários confere às organizações burocráticas um caráter formal. Todas as ações e os procedimentos existem para assegurar comprovação e permitirem uma interpretação única dos fatos.

Em relação à estrutura organizacional, há uma sistemática divisão do trabalho com níveis hierárquicos bem definidos, seguindo a hierarquia da autoridade onde cada cargo inferior deve estar sob o controle e a supervisão de um posto superior. Cada funcionário ocupa um cargo definido, com atribuições específicas, dentro de uma esfera de competência e responsabilidade, conhecendo os limites da sua tarefa, direito e poder, de forma que não interfira na competência alheia. Desta forma, o poder de cada indivíduo está ligado ao cargo que ocupa e as relações são impessoais.

A burocracia visa garantir uma organização que tenha continuidade ao longo do tempo. Este caráter permite que a empresa permaneça inabalável, em função da rotatividade de pessoas, pois elas podem ser admitidas ou demitidas, mas os cargos são permanentes. A avaliação de desempenho de cada funcionário é feita de acordo com os padrões determinados pela tarefa que executa. A escolha das pessoas é baseada no mérito e na competência técnica e as preferências pessoais não são utilizadas como critérios. Isto determina a existência de exames, testes e concursos para admissão e promoção dos funcionários. Os funcionários da burocracia são profissionais, pois possuem características próprias, como sendo: especialistas no cargo que ocupam; assalariados; nomeados pelo superior hierárquico; tendo mandatos por tempo indeterminado; seguindo carreira dentro da organização; separado da propriedade dos meios de produção e administração; fiéis ao cargo e identificando-se com os objetivos da empresa.

A burocracia é uma organização baseada na separação entre a propriedade e a administração. As pessoas que compõem o corpo administrativo não são as donas dos meios de produção. Ou seja, os administradores da burocracia não são os donos ou proprietários da empresa. Isto confere aos administradores uma titulação de especialista. A organização burocrática faz surgir o profissional da administração que se especializa em gerir o negócio, permitindo que o capitalista não se envolva nas tomadas de decisão.

A organização burocrática estruturada, segundo características próprias, apresenta como conseqüência desejada a previsibilidade do comportamento dos seus participantes, conforme demonstrado no Quadro 2.1-4.

Quadro 2.1-4

A Burocracia é Baseada em:	Competências Previstas	Objetivo
1. Caráter legal das normas e regulamentos	Previsibilidade do comportamento humano	Máxima eficiência da organização
2. Caráter formal das comunicações		
3. Caráter racional e divisão do trabalho		
4. Impessoalidade nas relações		
5. Hierarquia de autoridade		
6. Rotinas e procedimentos standardizados		
7. Competência técnica e meritocracia	Padronização do desempenho dos participantes	
8. Especialização da administração		
9. Profissionalização dos participantes		
10. Completa previsibilidade do funcionamento		

Fonte: Max Weber.

A burocracia representa uma maneira racional de organizar pessoas e atividades no sentido de alcançar objetivos específicos. Em termos de organização do trabalho e profissionalização do profissional administrador, trouxe ganhos importantes em relação à organização do trabalho. Alguns autores, como Katz e Kahn, criticam a burocracia pelo seu excesso, pois não considera as condições circunjacentes do ambiente. As organizações são concebidas como sistemas fechados. O contexto externo, as mudanças ambientais e suas repercussões na organização não são pontos abordados pelos defensores da burocracia. Outro ponto criticado é o não reconhecimento da organização informal. Os membros são seguidores de regras e procedimentos, atuando de forma mecanística e não como indivíduos interagindo dentro de relacionamentos sociais. Por conseguinte, os conflitos internos são indesejáveis. Uma estrutura racionalmente estruturada, onde as pessoas seguem comportamentos prescritos, não favorece a existência de conflitos.

2.1.2.2. Estruturas Pós-burocráticas

A burocracia que funcionou adequadamente para a produção em massa de produtos básicos não consegue acompanhar o atual ritmo das mudanças, que exige organizações ágeis e flexíveis. Além disso, a organização atual tornou-se mais complexa em virtude da diversidade de clientes, empregados, parceiros, fornecedores e tecnologias.

Surgem então novos modelos organizacionais pós-burocráticos denominados estruturas em rede, estruturas atomizadas, estruturas holográficas, estruturas multiunitárias, estruturas inteligentes, etc.

As organizações pós-burocráticas são estruturadas para atender às mudanças que estão ocorrendo na natureza do trabalho, conforme Quadro 2.1-5.

Quadro 2.1-5

Mudanças na Natureza do Trabalho		
Trabalho não-qualificado	➡	Trabalho com conhecimento técnico
Tarefas repetitivas e sem sentido	➡	Inovação e assistência
Trabalho individual	➡	Trabalho em equipe
Trabalho baseado na função	➡	Trabalho baseado em projetos
Qualificação única	➡	Multiqualificação
Poder dos chefes	➡	Poder dos clientes
Coordenação de cima	➡	Coordenação entre os colegas

Fonte: Pinchot, 1994.

As estruturas pós-burocráticas são horizontais, orgânicas, constituídas por um conjunto de módulos ou de pequenas unidades autônomas, dotadas de grande poder de decisão e com capacidade de auto-organização. "Quando se estrutura a organização por unidades independentes e autogestionadas, a autoridade e a responsabilidade localizadas (aliadas ao amplo compartilhamento de informações) atraem o poder para baixo, criando grande capacidade de decisão e ação", Motta, 2000, p. 128. As estruturas são formadas por equipes, baseadas em objetivos e em valores comuns que são compartilhados com seus fornecedores e clientes que participam na definição de novos serviços e produtos. As unidades são independentes mas interligadas por meio de um sistema eficiente de comunicação.

Possuem uma dinâmica operacional caracterizada pela flexibilidade de desempenho, facilitando sua adaptação, e até mesmo a antecipação às variações do meio ambiente.

O principal mecanismo de coordenação é o ajustamento mútuo. A interação é baseada na cooperação, na interdependência e no entusiasmo de criar e de produzir.

As atividades rotineiras são coordenadas através da padronização das habilidades que são obtidas por meio de treinamentos ou socialização. "Além disso, a autonomia pessoal concedida aos funcionários nas estruturas multiunitárias pode ser rica fonte de motivação, satisfação e crescimento pessoal." Hollenbeck, 1999, p. 326.

Os funcionários gerenciam as suas áreas como pequenas empresas, assegurando que o sistema funcione a contento para com os seus clientes externos e internos. Todos os funcionários, e não apenas os do escalão superior, exercem a sua inteligência e pensam conjuntamente para localizar e resolver os problemas e explorar as oportunidades de criação de novos produtos e serviços. As vantagens das organizações que usam a inteligência de seus membros estão listadas no Quadro 2.1-6, na pág. 33.

Nas estruturas pós-burocráticas, o poder se desconcentra e todos os seus membros têm acesso a todas as informações. A disseminação da informação tornou-se possível graças ao progresso tecnológico que transformou o mundo numa imensa rede com cada vez menos barreiras à livre circulação de informações. As possibilidades oferecidas pela informática na rapidez da comunicação e na estocagem da informação asseguram a sua liberdade de circulação.

Quadro 2.1-6
Vantagens das Organizações Inteligentes

1. Lidar com mais questões ao mesmo tempo, tais como a assistência mútua, os clientes, a cidade e a comunidade.
2. Enfrentar vários concorrentes simultaneamente e lidar mais eficazmente com todos.
3. Implementar o pensamento sistêmico sem privar as unidades da flexibilidade local.
4. Identificar melhor as questões-chave e enfrentá-las mais rapidamente.
5. Aprender com a experiência como fazer coisas novas, e não apenas o que não fazer, e lembrar melhor o que foi aprendido.
6. Transmitir e aplicar rapidamente aos outros setores o que foi aprendido em determinado setor.
7. Integrar o aprendizado por toda a organização e aplicá-lo criativa e flexivelmente.
8. Atentar para todos os detalhes e as competências de apoio que contribuam para um desempenho econômico e superior.

Fonte: Pinchot, 1994.

Na estrutura piramidal, a informação circula verticalmente, por canais previamente determinados, de baixo para cima, para orientar decisões, ou de cima para baixo, sob a forma de ordens ou orientações. Se a circulação de baixo para cima for bloqueada em alguma instância intermediária, os dirigentes correm o risco de não tomar conhecimento de informações de que só a base dispõe, ou de propostas que esta queira fazer chegar aos seus dirigentes. O inverso pode também ocorrer, impedindo que a base venha a receber informações, ordens ou orientações que a cúpula pretendeu lhe transmitir.

Na organização burocrática o funcionamento depende da freqüência e do modo como seus dirigentes informam e consultam as bases, do respeito que esses dirigentes têm por estas pessoas e dos meios que estas dispõem para fazer valer sua vontade junto aos seus dirigentes. O bloqueio da circulação de informações, intencional ou não, pode levar ao distanciamento dos dirigentes em relação às bases, e vice-versa, ou à ineficácia das decisões da cúpula.

Na organização pós-burocrática a inexistência de censuras, controles, hierarquizações ou manipulações facilita a circulação de informações em seu interior. Nestas estruturas, a colaboração, a solidariedade, a ajuda mútua, a transparência e a co-responsabilidade estão presentes em maior intensidade do que nas estruturas verticais. A democratização da informação evita os padrões de dominação, competição, autoritarismo e manipulação presentes na cultura burocrática.

Os requisitos necessários para o funcionamento da organização inteligente estão no Quadro 2.1-7.

Quadro 2.1-7

Requisitos para Funcionamento da Organização Inteligente	
Liberdade de Escolha	**Responsabilidade pelo Todo**
1. Verdade e direitos difundidos	4. Igualdade e diversidade
2. Liberdade de iniciativa	5. Redes de aprendizado voluntário
3. Equipes autônomas	6. Autogestão democrática
7. Governo central limitado	

Fonte: Pinchot, 1994.

Estes seis requisitos funcionam em conjunto. As três condições da liberdade de escolha estimulam a participação das pessoas e as três condições da responsabilidade pelo todo unificam as escolhas individuais e grupais em torno dos objetivos da empresa. O sétimo requisito define o papel limitado desempenhado pela direção.

Os sistemas informatizados substituíram os funcionários na realização dos trabalhos repetitivos e o poder de decisão passou para as pessoas que precisam ter formação, experiência, inteligência e informações a respeito da empresa para que possam fazer escolhas inteligentes visando o alcance dos objetivos da organização. Assim, os colaboradores têm o direito de solicitar as informações que julgarem necessárias para a compreensão da situação da empresa e que lhes permitam contribuir para o seu sucesso.

A liberdade de ação permite que os indivíduos utilizem toda a sua experiência e capacidade de julgamento na realização das tarefas. Cada equipe é autônoma em sua ação, mas responsável pelos seus efeitos na realização dos objetivos perseguidos pela organização, e cada participante sente-se e atua como responsável pelo seu sucesso. No Quadro 2.1-8, tem-se as características das equipes.

Quadro 2.1-8

Principais Características das Equipes	
Sistema social comum	As pessoas não são vistas prioritariamente como indivíduos isolados, mas como membros cooperadores de uma atividade comum.
Polivalência funcional	As pessoas desempenham vários papéis e funções.
Autonomia relativa de auto-organização	Possibilidade de estabelecimento de padrões internos de gestão nos limites das diretrizes gerais comuns.
Espaço para criatividade	Possibilidade de desenvolvimento de modos próprios e variados de execução das tarefas.
Sentido de afiliação	As pessoas desenvolvem o sentimento de pertencer a um grupo com identidade própria e compromissos comuns.

Fonte: Motta, 2000, p.125.

A igualdade, primeiro item da responsabilidade pelo todo, propicia que todos os membros sejam valorizados, tratados com justiça e tenham as mesmas oportunidades. A diversidade de formação, de experiência e de personalidade das pessoas favorece a criatividade e as atitudes inovadoras. Para que o funcionamento da empresa seja ágil e flexível são necessárias a atualização e a disseminação do conhecimento por todos os membros da organização. Para isso, são formados relacionamentos temporários entre os colaboradores. Segundo Pinchot, 1994, p. 82, "estabelecer a autogestão local e participativa significa encontrar sistemas que permitam às equipes coordenar e controlar o seu próprio trabalho, incluindo formas de se ligar a outras equipes para colher informações, para obter recursos e serviços e para integrar o trabalho através das divisões organizacionais". A administração central assume a responsabilidade de criar as condições necessárias ao bom desempenho das equipes.

2.2. Subprocessos de Recursos Humanos

O desempenho das atividades administrativas exige do profissional de Recursos Humanos capacidade de lidar com a diversidade cultural e as variadas formações dos colaboradores. Estas atividades são interligadas. Assim, a capacitação, a manutenção e a avaliação de desempenho do colaborador dependem de uma escolha cuidadosa do candidato.

Segundo Edward Gubman, a estratégia para a força de trabalho voltada para os clientes baseia-se em:

- Escolher pessoas que tenham a atitude mental de servir ao cliente.
- Manter as pessoas satisfeitas para que elas satisfaçam os clientes.
- Promover a prestação de serviço como atividade prioritária.
- Basear-se em mensagens de valor para moldar uma cultura de serviço.
- Dar às pessoas muita independência para atender às necessidades dos clientes.

Os subprocessos de RH devem nortear sua atuação baseada nestes conceitos:

2.2.1. Recrutamento e Seleção

A principal razão de perda de cliente em empresas de serviço é a falta de qualidade no contato com o público, sendo, portanto, necessário critério bastante rigoroso no processo de escolha de profissionais para estas organizações. Uma seleção criteriosa contribui para a baixa rotatividade, mantendo maior estabilidade na aplicação dos conceitos de qualidade de atendimento da organização.

O gestor da área tem papel fundamental na definição do perfil e competências adequadas para atender as demandas atuais e futuras da organização. A área de seleção, em conjunto com o gestor, precisa estar alinhada com as estratégias da organização e através de testes e entrevistas identificar candidatos com perfil que comungue com a identidade, missão e valores da organização e as competências necessárias à posição, facilitando a integração do novo colaborador. Todos os funcionários precisam ter conhecimento da visão, dos valores e da missão da empresa. A partir deste envolvimento e comunicação abertos, os profissionais se empenharão em torná-lo um empreendimento de sucesso. Esta explanação detalhada do negócio deve acontecer desde o momento do recrutamento e seleção do colaborador, sendo contínua e retroalimentada em reuniões periódicas durante a permanência do funcionário na organização, onde deverá existir uma política de manutenção e retenção dos talentos.

É preciso ter em mente que, a partir do momento que o profissional entra em ação, estará representando a empresa, falando e agindo por ela. Desse modo, a relação de confiança é fundamental para entregar a imagem da empresa ao profissional.

Os resultados da seleção apesar de custarem para as empresas podem representar ganhos por propiciarem a escolha de candidatos que possuem as características pretendidas pelo cargo. No Quadro 2.2-1, estão listadas algumas vantagens de serem aplicadas corretamente as técnicas de seleção.

Quadro 2.2-1

Vantagem da Aplicação Correta das Técnicas de Seleção	
• Adequação do candidato à vaga.	• Maior rendimento e produtividade.
• Rapidez no ajustamento às suas funções.	• Menores investimentos em treinamento.
• Maior estabilidade no cargo e conseqüentemente menor rotatividade.	• Melhoria nas relações interpessoais.

Fonte: Chiavenato, 1996.

2.2.2. Manutenção

Os processos de manutenção de RH visam, segundo Chiavenato (1996), "sobretudo, ao conforto e ao bem-estar das pessoas dentro da organização através da criação de um ambiente psicológico adequado". Para Luz (1995, p. 24), "as companhias que têm preocupação com o seu clima organizacional devem estabelecer uma política salarial que seja justa em relação à estrutura interna de seus cargos e, na medida do possível, que seja competitiva em relação às demais empresas". De acordo com o mesmo autor (1995, p. 24), "a estabilidade no emprego, ao lado da justa remuneração e do desenvolvimento profissional, constitui a base de uma sólida e bem edificada administração de recursos humanos".

Dentro desta nova concepção, a política de carreiras deverá ser flexível e de longo alcance. As políticas de remuneração, justas, coerentes com o mercado e os incentivos direcionados preferencialmente à base grupal e não individual. Os incentivos se vincularão à consecução de resultados no trabalho e resultados empresariais. É importante que as relações administração-sindicato sejam pautadas em respeito e confiança mútua, interdependência e busca da convergência de interesses.

Na manutenção dos colaboradores, a gerência desempenha um papel fundamental. "Gerentes-líderes são aqueles que transmitem valores aos seus colaboradores, ajudando a formar uma cultura voltada para os serviços. Cultura aqui entendida como sendo um conjunto de valores, crenças e normas compartilhadas por um grupo de pessoas" (Castelli, 2000).

As empresas descobriram que a excelência nos resultados está diretamente ligada à qualidade de vida dos seus funcionários. É a convicção no mundo dos negócios de que as empresas interessadas em atrair e reter talentos importam-se com a qualidade de vida para os colaboradores.

2.2.3. Treinamento

O foco principal de treinamento nas empresas deve ser a fixação da cultura e dos valores da organização, bem como a estratégia de atendimento ao cliente. Estes assuntos devem ser revistos e reapresentados periodicamente. Os clientes esperam um tratamento cordial e coerente, independente do nome do funcionário, e para isto tem-se que padronizar o atendimento ao mesmo tempo em que se precisa instrumentalizar para confiar nas atitudes e comportamentos. Normas e procedimentos devem ser orientadores e flexíveis o suficiente, para que o colaborador aja com liberdade e criatividade para satisfazer o cliente.

2.2.3.1. Integração de Novo Funcionário

Este programa busca familiarizar o novo funcionário com a estrutura da organização, suas normas, procedimentos, valores, cultura, atitudes e comportamentos esperados. Visa preparar os novos colaboradores para que sejam capazes de tomar decisões de acordo com critérios e padrões estabelecidos e/ou baseadas nas atitudes e nos comportamentos esperados. Em geral, um coach é definido para o período de integração.

2.2.3.2. Treinamento Motivacional

Estes programas visam manter o alto astral e o entusiasmo para atender às exigências diárias dos clientes. Rever cultura e valores da organização.

2.2.3.3. Programas de Desenvolvimento

Estes programas, alinhados com a cultura e os valores da organização, buscam dar ferramentas para gestão de colaboradores. É através deles que a organização desenvolve as competências e habilidades necessárias para as demandas atuais e futuras.

Baseada em planos de metas a organização define os resultados e as atitudes esperadas de cada colaborador, permite a implantação de programas de avaliação de desempenho, incentiva a prática do feedback constante e direto, identifica potenciais e necessidade de desenvolvimento individual e de equipe, além de possibilitar a aplicação de programas de remuneração variável.

A administração de Recursos Humanos é responsável pela decisão de quando os colaboradores precisam de treinamento e de que forma ele deve acontecer. Para que um treinamento seja eficaz, é necessário que haja inicialmente uma avaliação das necessidades e posteriormente uma avaliação dos resultados alcançados. A Figura a 2.2-1, apresenta um modelo diagnóstico do processo de treinamento.

Figura 2.2-1

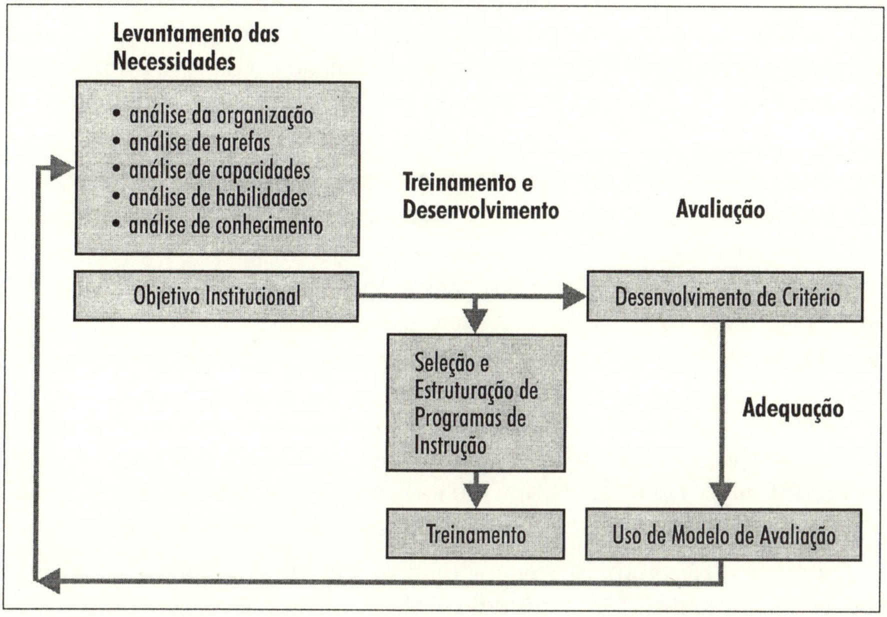

```
Levantamento das
Necessidades
  • análise da organização
  • análise de tarefas
  • análise de capacidades       Treinamento e
  • análise de habilidades        Desenvolvimento         Avaliação
  • análise de conhecimento

       Objetivo Institucional  ──────────►  Desenvolvimento de Critério
                                    │
                                    ▼
                            Seleção e
                            Estruturação de
                            Programas de                Adequação
                            Instrução
                                    │                       │
                                    ▼                       ▼
                              Treinamento          Uso de Modelo de Avaliação
```

Fonte: Milkovitch (2000, p. 342).

A política de treinamento não deve estar limitada a preparar o colaborador visando ao aumento do desempenho na sua função atual, mas qualificá-lo para o desempenho de ocupações futuras. As lideranças devem apoiá-lo no acesso funcional na carreira e no desenvolvimento profissional contínuo, ficando atentas para as profissões emergentes, com ênfase no treinamento no local de trabalho, como rodízio de funções.

2.2.4. Avaliação de Desempenho

O potencial dos funcionários pode e deve ser avaliado através do seu desempenho, com a finalidade de se obterem informações sobre a atuação de cada um, formando posteriormente um banco de dados, verificando a necessidade de capacitação e até mesmo contribuindo para a adequação salarial. "Uma das principais causas que geram a insegurança das pessoas nas empresas é a falta de feedback" (Luz, 1995, p. 26). Ao desenvolver o potencial e a capacidade do indivíduo, a empresa está facilitando a sua adaptação e ajudando-o em seu desenvolvimento. Pessoas comprometidas, satisfeitas e motivadas estão na razão direta de bons resultados.

Avaliar as potencialidades dos funcionários com a finalidade de adaptá-los é objetivar ao máximo o aproveitamento das habilidades de seus profissionais. É preciso, no entanto, que se tenha clareza de que os programas que visam à melhoria da qualidade pela avaliação de desempenho lidam com pessoas e podem não apresentar resultados exatos nem imediatos.

A construção de um quadro do desempenho do empregado deve ser feita baseada em critérios bem claros e estabelecidos sobre os padrões a serem medidos. Os métodos de avaliação devem ser confiáveis e relacionados com o cargo, jamais com o indivíduo. Para que os resultados sejam validados é necessário que os empregados obtenham respostas sobre o seu desempenho.

De acordo com Luz (1995), as chefias sentem muitas dificuldades para realizar a avaliação de desempenho e, principalmente, quando vão dar conhecimento aos seus subordinados sobre os seus pontos fortes e pontos fracos. Motta (2000, p. 200), acrescenta: "o elogio final proporciona ao subordinado a certeza de que ele é reconhecido como bom funcionário e que a preocupação do chefe se limita a falhas de desempenho".

Por esta razão, torna-se necessária a adoção de um sistema de avaliação de desempenho com diretrizes claras sobre os valores que serão avaliados e as conseqüências destes resultados: reconhecimento, premiações, treinamentos, desligamentos, transferências etc.

2.3. Motivação

Compreender a motivação humana tem sido um desafio para muitos psicólogos e administradores. Várias pesquisas têm sido elaboradas e diversas teorias têm tentado explicar o funcionamento desta força que impulsiona as pessoas a agirem em prol do alcance de objetivos.

Em meados da década de 40 e durante os anos 50, Abraham Maslow, baseando-se nas suas observações como psicólogo clínico, desenvolveu uma teoria da motivação fundamentada numa hierarquia das necessidades que influenciam o comportamento humano. A hierarquia das necessidades de Maslow segue a seguinte ordem:

- As necessidades fisiológicas, que compreendem: alimento, roupa, repouso, moradia.

- As necessidades de segurança, isto é, proteção contra o perigo físico e contra a privação dos fatores básicos de sobrevivência.

- As necessidades de estima, que incluem a auto-estima e o reconhecimento por parte dos outros.

- As necessidades de auto-realização, onde as pessoas sentem o anseio de consolidar seus próprios potenciais, sejam eles quais forem.

"Esta teoria fundamenta-se na premissa de que as pessoas, embora trabalhem a fim de atender às suas necessidades, estas, depois de satisfeitas, não mais provocam motivação para novos esforços" (Lopes, 1980, p. 35). Segundo este autor, "caso o indivíduo obtenha êxito na consecução do objetivo que persegue, emerge então a próxima necessidade insatisfeita". Deste modo, os hotéis precisam descobrir novos incentivos, caso desejem assegurar permanente motivação do seu pessoal, pois uma necessidade satisfeita deixa de ser motivadora.

Em 1959, Frederick Herzberg apresentou a teoria da motivação-higiene baseada no estudo de ocorrências nas vidas de engenheiros e contadores. Herzberg *apud* Bergamini (1997, p. 116), diz que "as verificações feitas no decorrer desses estudos, corroboradas por muitas outras investigações por processos diferentes, mostraram que os fatores capazes de produzir satisfação (e motivação) no trabalho são independentes e distintos dos fatores que conduzem à insatisfação no trabalho". Como resultado, Herzberg concluiu que os fatores de insatisfação normalmente estavam relacionados ao ambiente da organização e os fatores de satisfação, ao trabalho em si, conforme apresentado no Quadro 2.3-1.

Herzberg chamou os fatores que geravam satisfação de fatores motivadores e aqueles que apenas preveniam a insatisfação, de fatores higiênicos, procurando evidenciar que, no comportamento humano, o contrário de insatisfação não é necessariamente satisfação.

Quadro 2.3-1

Fatores Higiênicos e Motivacionais Segundo Herzberg	
Fatores que Previnem a Insatisfação (Higiênicos)	**Fatores que Geram Satisfação (Motivadores)**
• Salário.	• Realização.
• Condições de trabalho.	• Reconhecimento.
• Relação com supervisor e subordinados.	• Responsabilidade.
• Segurança.	• Progresso.
• Política e administração da companhia.	• Desenvolvimento.

Fonte: Herzberg *apud* Bergamini (1997, p. 117).

Para Herzberg, a forma de estimular o indivíduo a sentir vontade para realizar a tarefa seria proporcionando-lhe satisfação no trabalho. E, para a pessoa continuar motivada, a tarefa deveria ser enriquecida. Isto quer dizer "um deliberado aumento da responsabilidade, da amplitude e do desafio do trabalho" (Hersey e Blanchard, 1986, p. 77). Percebe-se, assim, que o enriquecimento da tarefa visa a satisfazer as necessidades de estima e auto-realização do trabalhador através de fatores motivadores.

Em 1960, Douglas McGregor apresentou a percepção dos administradores acerca da natureza e da motivação dos trabalhadores sob a forma de duas teorias: Teoria X e Teoria Y. Os pressupostos desta teoria são apresentados no Quadro 2.3-2

Quadro 2.3-2

Pressupostos das Teorias X e Y de McGregor	
Teoria X	**Teoria Y**
• O trabalho é intrinsecamente desagradável para a maioria das pessoas.	• O trabalho é tão natural quanto o jogo, desde que as condições sejam favoráveis.
• Poucas pessoas são ambiciosas, têm desejo de responsabilidade; a maioria prefere ser orientada pelos outros.	• O autocontrole é freqüentemente indispensável para a realização de objetivos da organização.
• A maioria das pessoas tem pouca capacidade para a criatividade na solução de problemas da organização.	• A capacidade para criatividade na solução de problemas da organização está muito distribuída na população.
• A motivação ocorre apenas nos níveis fisiológicos e de segurança.	• A motivação ocorre no nível social, de estima e auto-realização, bem como no nível fisiológico e de segurança.

Pressupostos das Teorias X e Y de McGregor (Cont.)	
Teoria X	Teoria Y
• Para a realização de objetivos da organização, a maioria das pessoas precisa ser estritamente controlada e muitas vezes obrigada a buscar objetivos da organização.	• As pessoas podem orientar-se e ser criativas no trabalho, desde que adequadamente motivadas.

Fonte: Hersey e Blanchard (1986, p. 62).

Apesar da existência de várias teorias a respeito do assunto, fica evidente que um dos maiores desafios na vida das organizações, desde o período pré-industrial, tem sido o de conciliar a satisfação do homem no trabalho com o aumento da produtividade.

2.4. Clima Organizacional

Um problema freqüente e raramente bem resolvido na área de gestão de pessoas ou de talentos é a disponibilidade de indicadores confiáveis que possam mensurar comportamentos e expectativas de colaboradores, gestores e acionistas, emprestando credibilidade e realismo às intervenções dos profissionais de Recursos Humanos ou de gestores capacitados a identificar, antecipadamente, tanto sinais quanto necessidades de mudanças nos âmbitos interno e externo de uma organização. A identificação adequada e tecnicamente correta de fatores de transformação pode contribuir decididamente para a implementação de políticas de recursos humanos e estratégias de desenvolvimento corporativo destinadas a integrar pessoas, metas e atividades de forma produtiva, inteligente, lucrativa e realmente motivadora para todos os atores comprometidos com a verdadeira missão da organização.

A questão que se impõe de imediato é: Como fazer para medir e construir indicadores para aspectos tão pessoais quanto abstratos? Como medir motivação? Como quantificá-la? Contamos hoje em dia com diversos instrumentos apropriados para esta tarefa. Um dos mais utilizados e de melhor performance é a pesquisa de clima organizacional. Este método presta-se a avaliar basicamente o nível de satisfação do colaborador no que diz respeito à empresa, aos seus líderes, aos fatores higiênicos e ambientais etc.

O primeiro passo é selecionar as perguntas. O segundo, é identificar as informações necessárias para se obter as respostas esperadas e as estratégias mais úteis para se chegar a uma coleta de dados de boa qualidade. Estas preocupações devem ser partilhadas entre pesquisadores e empresas-clientes. No processo de análise de dados, o mais importante é agregar sentido às informações conduzindo os interessados a conclusões importantes, sustentáveis e confiáveis. Se os resultados não produzirem melhorias na organização, a pesquisa perderá sua razão de ser. Para cada tipo de público, um relatório apropriado e pertinente deve ser preparado e apresentado.

O clima organizacional pode ser definido como o conjunto de variáveis que de fato influencia e interfere na dinâmica das organizações humanas voltadas para atividades produtivas em qualquer dos setores econômicos modernamente conhecidos. Fatores típicos das relações humanas (confiança, comunicação, sinergia, integração, participação e reconhecimento, entre outros); fatores ambientais ligados ao conforto, à saúde ocupacional e às condições de trabalho, à segurança; e aspectos higiênicos, tais como temperatura, iluminação, controle de ruídos etc., devem ser estudados e analisados em prol de uma transformação significativa da realidade das organizações.

O levantamento de necessidades no plano interno de uma organização é primordial para o desenvolvimento sadio de relações de trabalho e para o aprimoramento do *modus operandi* da empresa. Mapear os aspectos mais críticos que afetam o momento motivacional de todas as equipes de trabalho é não apenas útil ou interessante, mas vital. É uma questão de vivência e de sobrevivência. Conhecer e mensurar expectativas, aspirações e pontos fracos e fortes possibilitam pensar e agir corretivamente, adotando-se atitudes construtivas que levem a mudanças importantes para todos.

Para Chianca (2001) "a avaliação formal deve estar direcionada, principalmente, às questões essenciais do trabalho desenvolvido, que irão influenciar decisões estratégicas do presente e do futuro da organização". A pesquisa de clima, mesmo não sendo um tipo de avaliação, pode ter a mesma utilidade dentro de uma empresa. Os autores alertam quanto à oferta irresponsável de resultados miraculosos, que podem determinar "o fracasso de muitos processos...que acabam tendo pouco ou nenhum efeito sobre um programa ou uma organização". Para eles, "resultados de análises estatísticas por si não são auto-explicativos" e "diferentes pessoas, ao verificarem um mesmo resultado, podem interpretá-lo de maneira distinta, influenciadas por suas formações, valores, experiências anteriores e expectativas".

A simples iniciativa de conhecer o clima organizacional é fator de aumento da motivação, uma vez que a oportunidade de se fazerem ouvir e respeitar é considerada pelos colaboradores como altamente significativa. Abre-se, na verdade, um canal de comunicação entre colaboradores, gestores e acionistas, tornando mais provável a renovação de parcerias preexistentes e o surgimento de outras completamente novas. Faz-se necessário, porém, que os resultados da pesquisa de clima realizada sejam bem aproveitados e tragam conseqüências benéficas visíveis para todos os participantes. Do contrário, inverte-se o objetivo precípuo da mesma: no lugar de um aumento importante no grau de motivação dentro da organização podem advir a frustração e uma queda profunda da credibilidade que precedeu o momento da realização da pesquisa. Corre-se o risco de trocar expectativas muito positivas pela mais fortalecida desconfiança.

Seres humanos felizes, motivados e completamente comprometidos e envolvidos com o foco do negócio ou, como muitos preferem dizer, com a missão da organização, podem garantir qualidade, produtividade e competitividade em qualquer ramo de empreendimento na atualidade. Formas extremas de disputa de mercado obrigam todas as organizações a reverem diariamente seus processos produtivos, suas metas e objetivos, suas estratégias de abordagem dos clientes, a qualidade de vida e os projetos de vida dos colaboradores e o relacionamento com fornecedores, parceiros e comunidade.

O esforço pela busca crescente da qualidade leva, segundo Schiesari (2001), as organizações "a incorporar na sua cultura organizacional um ambiente de questionamento constante, a coletar dados para melhorar os processos e ainda envolver os funcionários dos diferentes setores na busca de soluções para os problemas identificados". O foco de uma pesquisa de clima organizacional é a gestão de pessoas, a gestão de processos e os resultados obtidos pela organização.

Pessoas desmotivadas apresentam baixíssimos índices de produtividade e muitas doenças relacionadas ao estresse, ao trabalho desprovido de significado e a um baixo nível de resiliência e de comprometimento com o trabalho, somatizando a partir de um clima organizacional carente de saúde em suas relações humanas de trabalho. O custo com a saúde ocupacional dos colaboradores termina por pesar demasiadamente no conjunto de despesas de uma organização que, nos tempos atuais, não pode se dar ao luxo de comprometer receitas em lugar de investir em seus recursos humanos.

Uma pesquisa de clima organizacional bem feita requer um plano de ação igualmente bem elaborado e afinado estrategicamente com as diretrizes e metas da organização que demandou o estudo. Um estudo desta natureza, contanto que esteja alinhado com o escopo geral do negócio, pode tornar-se um precioso instrumento balizador de programas de treinamentos especialmente desenvolvidos para a organização; pode levar todos os participantes a refletirem sobre seu caminho pessoal e profissional de forma sinérgica e bastante motivadora. Os líderes, por sua vez, podem revisar todo o planejamento estratégico e redefinir diretrizes de crescimento, inovação e evolução do empreendimento.

A motivação é, ao mesmo tempo, uma característica maravilhosa e terrível dos seres humanos. Pode levá-los a superar grandes obstáculos em circunstâncias humanamente quase impossíveis, mas pode fazê-los desanimar profundamente diante de uma rotina de trabalho que não leva em conta suas reais necessidades de realização e reconhecimento. Vale dizer, deste modo, que é impossível, de fato, motivar alguém. O que move uma pessoa em uma dada situação nunca é igual ao que motiva uma outra pessoa, por mais que o ambiente e as circunstâncias se pareçam. Em uma organização, com todos os fatores e variáveis similares presentes, haverá tantos tipos de motivação quanto de pessoas. O fundamental é que os motivos dos colaboradores estejam profunda e constantemente alinhados, o máximo possível, à missão ou à vocação da empresa.

Flávia Kahale, diretora de pesquisa do Instituto MVC, especialista em desenvolvimento de recursos humanos e adepta da pesquisa de clima organizacional, considera que os seguintes fatores realmente podem motivar os colaboradores de uma organização:

1. Desafios.

2. Integração.

3. Oportunidade de crescimento.

4. Estabilidade.

5. Oportunidade de desenvolvimento profissional.

6. Benefícios.

7. Valorização e reconhecimento.

8. Imagem da empresa frente ao mercado.

9. Visão do futuro.

10. Salário.

11. Participação.

12. Acesso às novas tecnologias.

É muito interessante notarmos que o salário não é o principal motivador. Ele aparece em oitavo lugar na opinião das 6.000 pessoas que foram por ela entrevistadas. Mais importante do que grandes aumentos salariais parece ser viver com desafios, integrando-se, tendo oportunidades de crescimento, alcançando certa estabilidade, obtendo valorização e reconhecimento.

Para Kahale, os fatores que desmotivam os colaboradores são:

1. Falta de desafios.
2. Poucas oportunidades de crescimento e desenvolvimento profissional.
3. Falta de clareza nos critérios utilizados para avaliação ou feedback.
4. Falta de valorização e de reconhecimento por parte da organização.
5. Relacionamento com os líderes.
6. Falta de autonomia.
7. Falta de visão do todo: fraco sentimento de participação e de acesso à informação.
8. Salário.
9. Processos internos difíceis e/ou excesso de burocracia.

Novamente o salário ficou em oitavo lugar, o que confirma este fato como motivador e também como desmotivador.

2.5. Liderança

Atualmente, a liderança é vista como uma função gerencial, que pode ser aprendida e que depende das condições da organização. De acordo com Motta (2000, p. 221), "liderar significa descobrir o poder que existe nas pessoas, torná-las capazes de criatividade, auto-realização e visualização de um futuro melhor para si próprias e para a organização". Para Lopes (1980, p. 65), a tarefa essencial da liderança "é propiciar a existência de condições e métodos de trabalho de sorte tal que a melhor maneira de as pessoas alcançarem seus próprios objetivos é através da orientação de seus esforços em direção às metas da empresa".

Assim, é possível, então, conceituar liderança como a capacidade de acionar e manter a motivação dos colaboradores para o alcance dos objetivos propostos pela organização.

A escola das relações humanas começou a enfatizar a importância da satisfação humana para o alcance dos objetivos pretendidos pela organização. Como conseqüência, o líder voltou-se para as necessidades das pessoas, como forma de atingir os objetivos da empresa. O enriquecimento da tarefa como forma de conseguir o empenho dos colaboradores sugerida por Herzberg exigiu da liderança a preocupação com a organização como um todo e não com o controle de cada um de seus funcionários.

Para Motta (2000, p. 206), "líderes são pessoas comuns que aprendem habilidades comuns, mas que no seu conjunto formam uma pessoa incomum".

As habilidades requeridas para a liderança estão sintetizadas no Quadro 2.5-1.

Quadro 2.5-1

Habilidades da Liderança		
Domínio do Contexto	**Comunicação e Interação**	**Características Individuais**
• Procurar compreender a missão socioeconômica da organização.	• Reconhecer o valor das pessoas.	• Conhecimento de si próprio.
• Conhecer os objetivos organizacionais.	• Aprender a aceitar as pessoas como elas são.	• Iniciativa.
• Buscar novas soluções e identificar novos problemas.	• Valorizar relações pessoais próximas.	• Coragem.
• Articular, agregar e processar idéias e alternativas de ação para redefinir o sistema de autoridade e responsabilidade, a partir de valores compartilhados.	• Confiar nas pessoas.	• Otimismo.
• Gerar nos subordinados o sentimento de autoconfiança e de capacidade para executar as tarefas.	• Transmitir às pessoas a cultura organizacional.	• Persistência.
• Ter visão e orientar-se continuamente para o futuro.	• Tratar os subordinados com maior proximidade e informalidade.	• Integridade.

Fonte: Motta, Paulo R. (2000).

2.6. Rotatividade de Pessoal

A rotatividade de pessoal além de representar um custo muito alto para a empresa pois, a cada saída de funcionário, normalmente, segue-se a admissão de outro, apresenta um alto custo social, interno e externo à organização.

Estabeleceu-se um índice para medir percentualmente, em um determinado período, as substituições de pessoal e que ocorrem estatisticamente podendo fornecer informações de interesse para a empresa.

A taxa de rotatividade calculada e apresentada pelo CAGED – Cadastro Geral de Empregados e Desempregados – mede o percentual dos trabalhadores substituídos mensalmente em relação ao estoque vigente no primeiro dia do mês, em nível geográfico e setorial, mas não em nível ocupacional. Assim, esse indicador não permite quantificar a substituição dos trabalhadores com o mesmo perfil. O cálculo da taxa de rotatividade mensal é obtido utilizando-se o menor valor entre o total de admissões e desligamentos sobre o total de empregos no primeiro dia do mês.

$$TR(t) = \frac{\text{mínimo}(A(t), D(t))}{E(t)} \times 100$$

Onde: TR = taxa de rotatividade do mês t.

A(t) = total de admissões no mês t.

D(t) = total de desligamentos no mês t.

E(t) = total de empregos no primeiro dia do mês.

A rotatividade é entendida por Milkovitch (2000), como a saída do colaborador e a sua substituição por outra pessoa na posição que ficou vaga. O autor apresenta a fórmula utilizada pelo Bureau of National Affairs, órgão oficial do governo norte-americano, para calcular o índice de rotatividade mensal:

$$\text{Índice de Rotatividade} = \frac{\text{Número total de demissões durante o mês}}{\text{Número médio de pessoas empregadas durante o mês}} \times 100$$

No número total de demissões durante o mês, da fórmula, estão incluídas as demissões voluntárias, as aposentadorias e as demissões realizadas pela empresa.

2.6.1. Valores das Taxas de Rotatividade

Os valores das Taxas de Rotatividade das Empresas Prestadoras de Serviço em Salvador são fornecidos pelo CAGED. A origem dos dados é o movimento de admitidos e desligados, informado mensalmente ao MTE – Ministério do Trabalho e Emprego – pelos estabelecimentos empregadores de acordo com a Lei 4.923/65, com dados individualizados por trabalhador.

Os valores das taxas de rotatividade fornecidos pelo CAGED, entre os anos de 1999 e 2001, são apresentados no Quadro 2.6-1.

Quadro 2.6-1

Valores das Taxas de Rotatividade das Empresas Prestadoras de Serviço em Salvador Fornecidos pelo CAGED (%)			
Meses	1999	2000	2001
Janeiro	–	3,09	3,22
Fevereiro	–	2,61	2,51
Março	–	2,77	3,15
Abril	–	2,66	2,54
Maio	2,42	2,74	3,01
Junho	2,77	2,35	2,47
Julho	2,45	2,83	2,97
Agosto	2,35	3,08	3,01
Setembro	2,46	2,70	2,78
Outubro	2,49	3,21	2,84
Novembro	2,25	2,80	–
Dezembro	2,39	2,46	–
Média	2,45	2,78	2,85

De acordo com Milkovitch (2000, p. 265), "o índice de demissões nos Estados Unidos é de cerca de 1% ao mês, ou de 12% ao ano". Segundo o mesmo autor (2000), o índice considerado é maior nas pequenas empresas dos setores não-industriais.

2.6.2. Causas da Rotatividade

Algumas organizações procuram identificar os fatores que causam a rotatividade. Quando a demissão é voluntária, esses fatores podem ser externos, o que impede o controle da empresa, ou internos, causados geralmente pelas políticas organizacionais. O Quadro 2.6-2, mostra os motivos e fatores de um funcionário demitir-se, com base nas pesquisas de Griffeth, *apud* Milkovitch (2000, p. 268).

Quadro 2.6-2

Demissão Voluntária	
Fatores	**Motivos**
1. Externos	• Taxas de desemprego. • Responsabilidades familiares. • Atração por outras empresas.
2. Internos	• Expectativas não alcançadas no recrutamento. • Integração. • Participação. • Rotinização. • Comunicação. • Sobrecarga no trabalho. • Desempenho. • Justiça no tratamento pela empresa. • Segurança. • Treinamento. • Comprometimento com a organização. • Remuneração. • Oportunidades de promoção.

Fonte: GRIFFETH, Rodger W. *apud* Milkovitch (2000).

Deste modo, a rotatividade devida às demissões voluntárias nas empresas é fortemente influenciada pelo clima organizacional e pelas atividades administrativas. "Esses fatores afetam a decisão de deixar o emprego porque afetam a satisfação individual com o trabalho, o comprometimento com a organização, a tendência de ter 'cognições de afastamento' (pensamentos de ir embora), e a comparação entre a razão ou 'utilidade' de ficar ou sair" (Milkovitch, 2000, p. 267).

A insatisfação no trabalho e o estresse são fatores importantes que aceleram a rotatividade.

Estes motivos podem estar relacionados aos papéis desempenhados nas organizações, conforme demonstrado no Quadro 2.6-3.

Quadro 2.6-3

Papéis Desempenhados nas Organizações
Conflito de Papéis
• Ter de trabalhar sob diretrizes contraditórias. • Não saber exatamente quais as suas responsabilidades. • Ter dúvidas quanto à autoridade de que você dispõe.
Ambigüidade dos Papéis
• Não saber como você se desempenhar para fazer bem o seu trabalho. • Trabalhar onde é difícil obter todas as informações, recursos ou materiais necessários. • Sentir que você não tem todas as aptidões para fazer bem o seu trabalho.
Papel Subdimensionado
• Trabalhar em tarefas que poderiam ser feitas por alguém menos qualificado. • Realizar trabalho repetitivo ou enfadonho.
Papel Superdimensionado
• Trabalhar sob constante pressão do tempo. • Trabalhar duro para atender prazos finais.

Fonte: Newton, T. J.; Keenan (1987, p. 356).

Quando a demissão parte da organização, é necessário cuidado com os funcionários que permanecem. "Se as despesas não forem administradas com justiça e transparência, os empregados remanescentes perderão a confiança na organização e pensarão em sair também" (Milkovitch, 2000, p. 276).

De acordo com Luz (1995, p. 32), "é preciso que as chefias conheçam as conseqüências da rotatividade de pessoal, que além da insegurança causada nas pessoas (comprometendo o clima organizacional), gera também perda de know-how, maiores custos para a seleção e o treinamento de pessoal, perda de produção e de imagem, entre outras coisas".

Segundo Wagner e Hollenbeck (1999, p. 125), "os custos com substituição não são os únicos em questão. Se as pessoas que deixam uma organização apresentam melhor desempenho do que as que ficam, a rotatividade reduz a produtividade da mão-de-obra remanescente. Essa espécie de 'fluxo negativo de empregados' exerce os efeitos mais sensíveis no caso de trabalhos complexos, que demandam muito tempo para serem aprendidos".

Outro dado importante é que as empresas perdem todo o investimento realizado na capacitação do funcionário, que será admitido em organizações concorrentes, que tomaram conhecimento de informações estratégicas sobre a empresa.

Os desligamentos dos funcionários devem ser motivo de análise, mesmo quando por justa causa. Realizando-se entrevistas por ocasião dos desligamentos pode-se identificar as causas das demissões, voluntárias ou não. Pode-se perceber procedimentos errados na seleção de candidatos, falta de incentivos e motivação, despreparo das chefias, injustiças, etc.

3. Metodologia

A partir dos objetivos e dos procedimentos técnicos utilizados na coleta e análise dos dados, a pesquisa foi em sua totalidade exploratória, constituída principalmente de: consulta a órgãos fornecedores de índices de rotatividade, aplicação de questionários aos colaboradores de nível operacional e gerencial, e pesquisa qualitativa com os responsáveis pelas áreas de Recursos Humanos dos hotéis.

A pesquisa bibliográfica foi realizada com a finalidade de colher informações em livros, periódicos e órgãos oficiais ligados ao turismo, com o objetivo de embasar o resultado da coleta de dados.

Os hotéis escolhidos como amostra representaram os hotéis situados em Salvador padrões 5☆ e 3☆ destinados a hospedar executivos e os situados no Litoral Norte padrões 5☆, destinados a hóspedes de lazer.

Nos hotéis pertencentes à amostra foram escolhidos, aleatoriamente, os colaboradores de nível operacional e gerencial, em número representativo, de diversas áreas que responderam aos questionários apresentados. Os questionários tiveram como objetivo obter informações sobre a motivação e satisfação dos colaboradores, a atuação das lideranças e o clima organizacional.

As entrevistas com os gerentes de Recursos Humanos dos hotéis pertencentes à amostra tiveram a finalidade de perceber como são conduzidas as ações desta área em relação à motivação dos colaboradores e ao clima organizacional.

3.1. Esquema de Variáveis

As principais variáveis estão apresentadas na Figura 3.1-1.

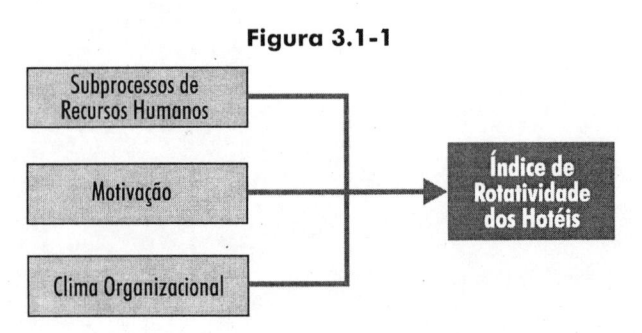

Figura 3.1-1

```
┌──────────────────┐
│  Subprocessos de │──┐
│ Recursos Humanos │  │
└──────────────────┘  │
                      │   ┌──────────────┐
┌──────────────────┐  │   │   Índice de  │
│    Motivação     │──┼──▶│ Rotatividade │
└──────────────────┘  │   │  dos Hotéis  │
                      │   └──────────────┘
┌──────────────────┐  │
│Clima Organizacional│─┘
└──────────────────┘
```

3.2. Amostra

A amostra foi constituída pelos colaboradores de nível gerencial e operacional dos hotéis localizados em Salvador e no Litoral Norte nos padrões 5☆ e 3☆. Para o cálculo da amostra foram utilizados os seguintes dados:

População: n° total de colaboradores dos hotéis em cada padrão.

Erro amostral: Considerou-se e = 5%.

Desvio-padrão: Com nível de confiabilidade de 90%, Z = 1,645.

A população total de colaboradores encontrada foi de 3.682, sendo 3.107 nos hotéis 5☆ e 575 nos hotéis 3☆. A amostra foi constituída por 430 colaboradores de níveis gerencial e operacional distribuídos em 16 hotéis.

No Quadro 3.2-1, são apresentadas as populações e as amostras encontradas em cada padrão de hotel.

Quadro 3.2.1

Características dos Hotéis	Padrão 5☆ (exec. e lazer)	Padrão 3☆
População: nº total de colaboradores	3.107	575
Amostra: nível gerencial	50	36
Amostra: nível operacional	200	144
Número de hotéis	4	12

O resultado parcial apresentado corresponde à pesquisa feita com 195 colaboradores em 4 hotéis 5☆, representando 78% da amostra, e 61 colaboradores em 5 hotéis 3☆, atingindo apenas 34% da amostra. No total foram pesquisadas 256 pessoas, conforme Quadro 3.2-2.

Quadro 3.2-2

Características dos Hotéis	Padrão 5☆ (exec. e lazer)	Padrão 3☆
População: nº total de colaboradores	3.107	575
Amostra: nível gerencial	32	7
Amostra: nível operacional	163	54
Número de hotéis	4	5

4. Apresentação dos Resultados

4.1. Hotéis 3☆ – Colaboradores de Nível Operacional

4.1.1. Fatores Motivacionais

Fatores Motivacionais	
Trabalho em si	69,2%
Reconhecimento	81,2%
Auto-realização	66,0%
Promoção	58,9%
Responsabilidade	97,5%

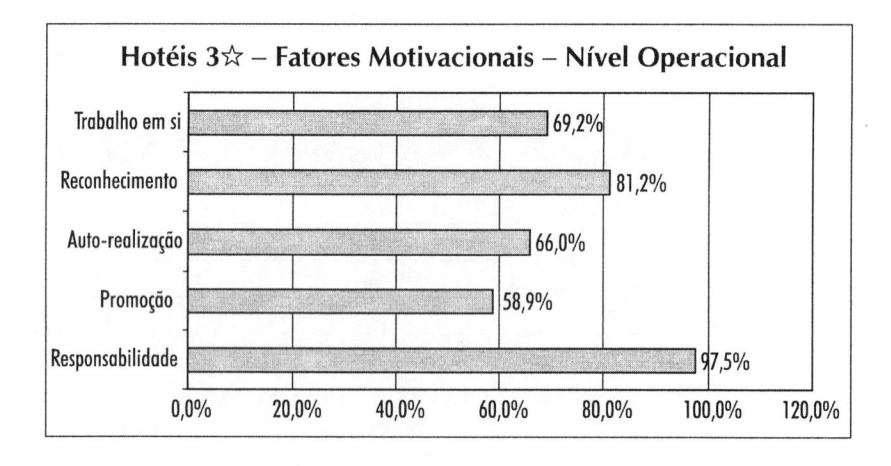

Hotéis 3☆ – Fatores Motivacionais – Nível Operacional

- Trabalho em si: 69,2%
- Reconhecimento: 81,2%
- Auto-realização: 66,0%
- Promoção: 58,9%
- Responsabilidade: 97,5%

4.1.2. Fatores Higiênicos

Fatores Higiênicos	
Crescimento pessoal	79,8%
Comprometimento	69,6%
Recebimento de feedback	68,9%
Comunicação	77,5%
Segurança	72,4%
Condições de trabalho	60,6%
Relacionamento com os colegas	87,0%
Remuneração	60,3%
Participação	84,9%
Relacionamento com a chefia	91,8%

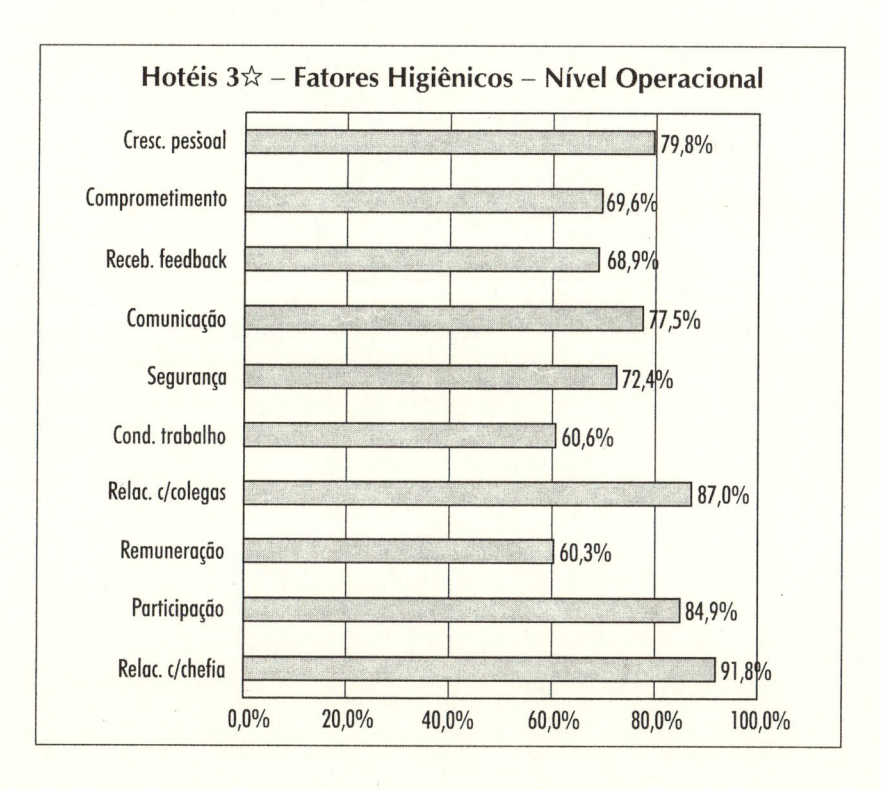

Hotéis 3☆ – Fatores Higiênicos – Nível Operacional

- Cresc. pessoal: 79,8%
- Comprometimento: 69,6%
- Receb. feedback: 68,9%
- Comunicação: 77,5%
- Segurança: 72,4%
- Cond. trabalho: 60,6%
- Relac. c/colegas: 87,0%
- Remuneração: 60,3%
- Participação: 84,9%
- Relac. c/chefia: 91,8%

4.2. Hotéis 5☆ – Colaboradores de Nível Operacional

4.2.1. Fatores Motivacionais

Fatores Motivacionais	
Trabalho em si	77,6%
Reconhecimento	81,8%
Auto-realização	58,3%
Promoção	72,0%
Responsabilidade	91,9%

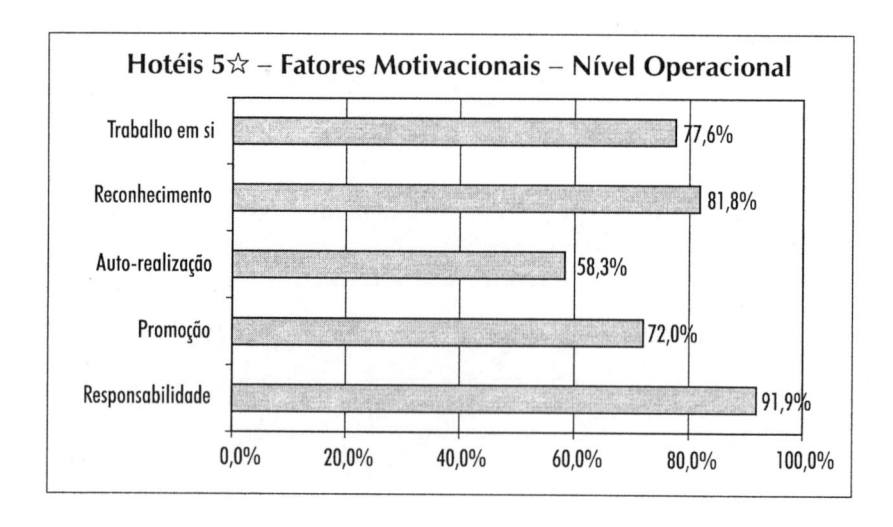

Hotéis 5☆ – Fatores Motivacionais – Nível Operacional

- Trabalho em si: 77,6%
- Reconhecimento: 81,8%
- Auto-realização: 58,3%
- Promoção: 72,0%
- Responsabilidade: 91,9%

4.2.2. Fatores Higiênicos

Fatores Higiênicos	
Crescimento pessoal	80,0%
Comprometimento	80,3%
Recebimento de feedback	68,1%
Comunicação	68,9%
Segurança	73,8%
Condições de trabalho	62,3%
Relacionamento com os colegas	82,3%
Remuneração	61,8%
Participação	79,5%
Relacionamento com a chefia	84,3%

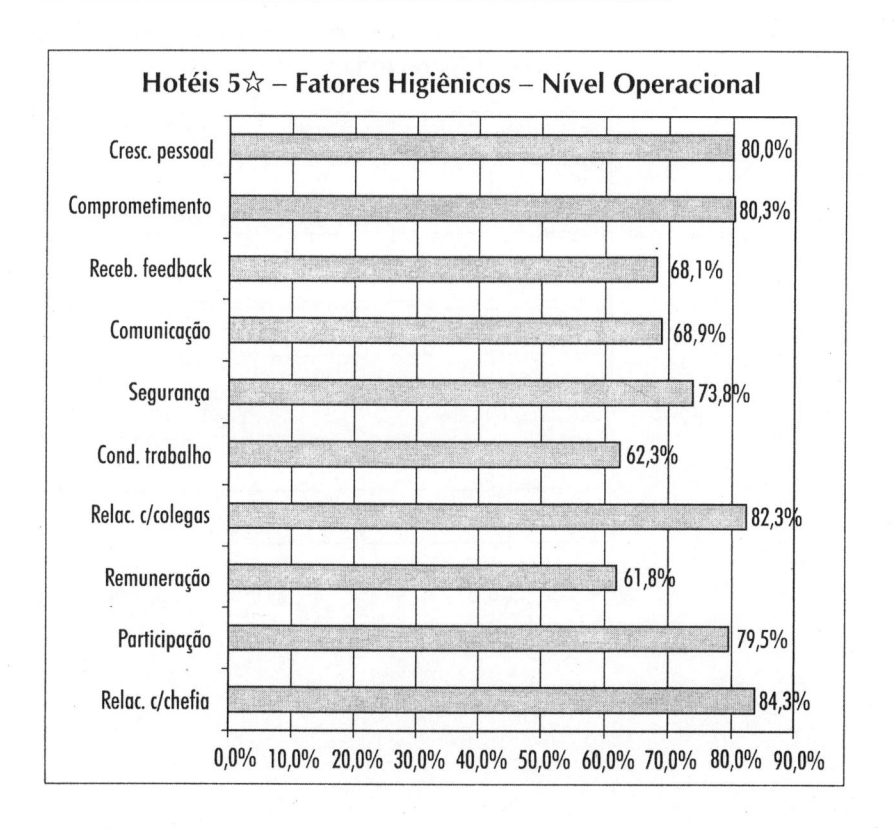

Hotéis 5☆ – Fatores Higiênicos – Nível Operacional

Cresc. pessoal	80,0%
Comprometimento	80,3%
Receb. feedback	68,1%
Comunicação	68,9%
Segurança	73,8%
Cond. trabalho	62,3%
Relac. c/colegas	82,3%
Remuneração	61,8%
Participação	79,5%
Relac. c/chefia	84,3%

4.3. Comparação dos Resultados dos Níveis Operacional e Gerencial – Hotéis 3☆ e 5☆

4.3.1. Fatores Motivacionais

Fatores Motivacionais		
	Nível Operacional	Nível Gerencial
Trabalho em si	73,4%	78,5%
Reconhecimento	81,5%	93,8%
Auto-realização	62,2%	83,5%
Promoção	65,4%	69,6%
Responsabilidade	94,7%	81,9%

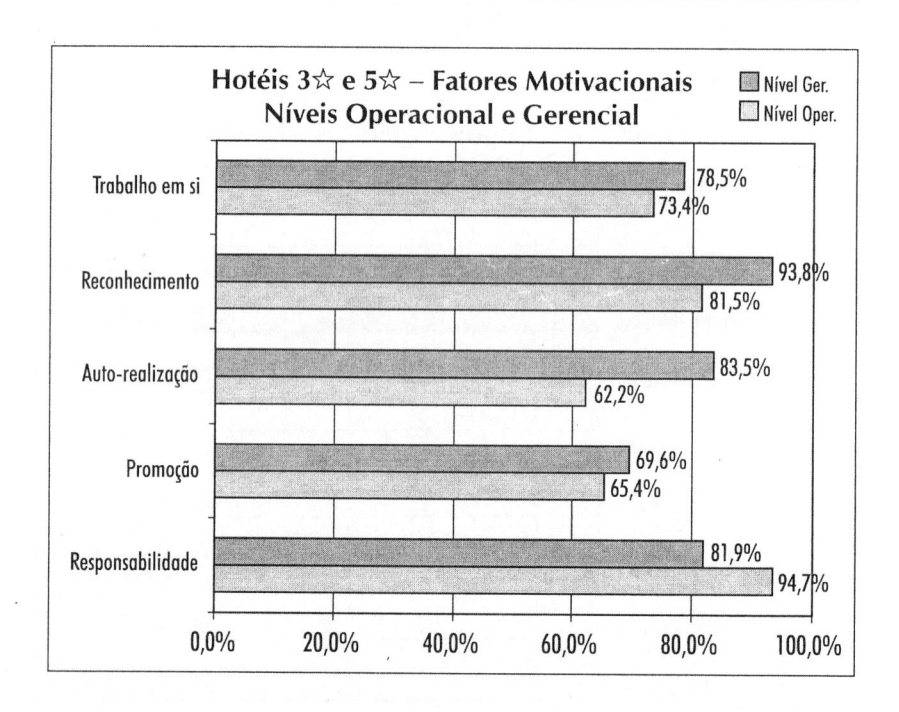

Hotéis 3☆ e 5☆ – Fatores Motivacionais
Níveis Operacional e Gerencial

	Nível Ger.	Nível Oper.
Trabalho em si	78,5%	73,4%
Reconhecimento	93,8%	81,5%
Auto-realização	83,5%	62,2%
Promoção	69,6%	65,4%
Responsabilidade	81,9%	94,7%

4.3.2. Fatores Higiênicos

Fatores Higiênicos		
	Nível Operacional	Nível Gerencial
Crescimento pessoal	79,9%	87,7%
Comprometimento	74,9%	87,3%
Recebimento de feedback	68,5%	88,9%
Comunicação	73,2%	87,3%
Segurança	73,1%	77,1%
Condições de trabalho	61,5%	81,3%
Relacionamento com os colegas	84,7%	93,1%
Remuneração	61,0%	65,1%
Participação	82,2%	92,4%
Relacionamento com a chefia	88,1%	89,6%

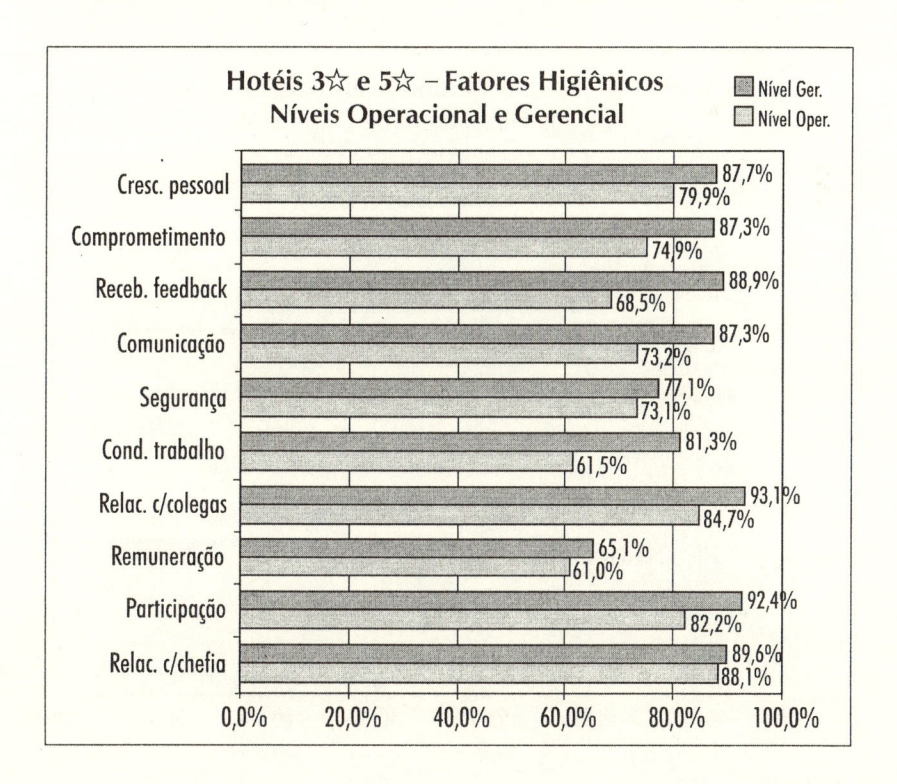

Hotéis 3☆ e 5☆ – Fatores Higiênicos
Níveis Operacional e Gerencial

4.4. Fatores Responsáveis pela Rotatividade

4.4.1. Hotéis 3☆

Fatores Responsáveis pela Rotatividade		
	Nível Operacional	Nível Gerencial
Chefia justa	34,7%	53,3%
Promoção	33,9%	45,0%
Trabalho em si	60,1%	46,1%
Condições de trabalho	54,4%	82,2%
Reconhecimento	50,1%	62,2%
Relacionamento com os colegas	62,6%	43,3%
Auto-realização	59,0%	35,0%
Remuneração	59,6%	88,3%
Responsabilidade	68,7%	23,3%
Estabilidade no emprego	66,9%	64,4%

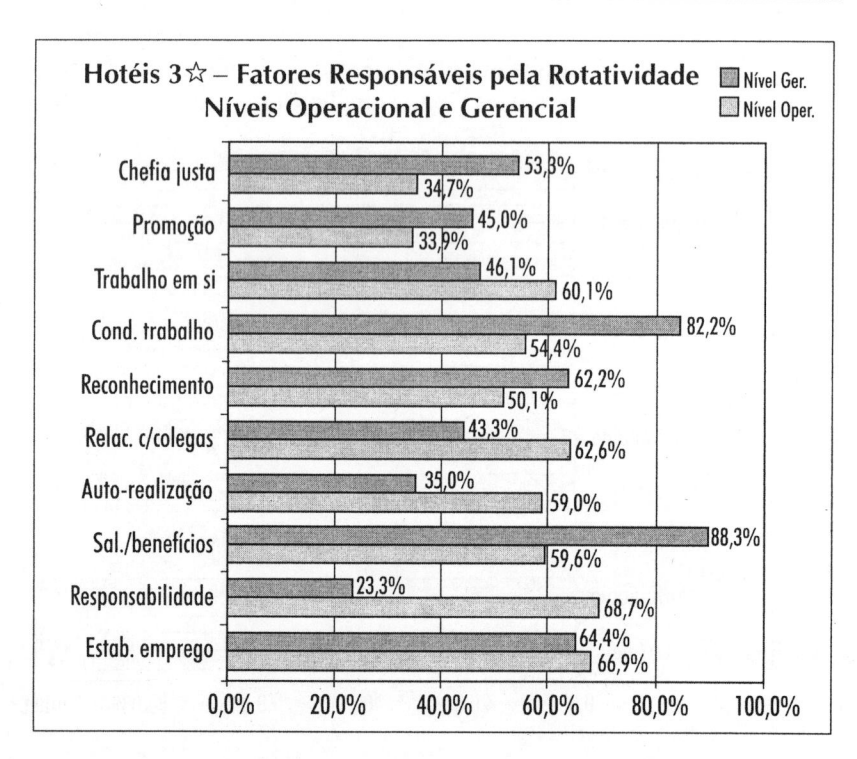

Hotéis 3☆ – Fatores Responsáveis pela Rotatividade
Níveis Operacional e Gerencial

■ Nível Ger.
□ Nível Oper.

	Nível Ger.	Nível Oper.
Chefia justa	53,3%	34,7%
Promoção	45,0%	33,9%
Trabalho em si	46,1%	60,1%
Cond. trabalho	82,2%	54,4%
Reconhecimento	62,2%	50,1%
Relac. c/colegas	43,3%	62,6%
Auto-realização	35,0%	59,0%
Sal./benefícios	88,3%	59,6%
Responsabilidade	23,3%	68,7%
Estab. emprego	64,4%	66,9%

4.4.2. Hotéis 5☆

Fatores Responsáveis pela Rotatividade		
	Nível Operacional	Nível Gerencial
Chefia justa	41,3%	51,7%
Promoção	48,4%	52,0%
Trabalho em si	57,9%	57,9%
Condições de trabalho	52,6%	61,9%
Reconhecimento	50,2%	53,4%
Relacionamento com os colegas	53,3%	40,4%
Auto-realização	50,1%	63,4%
Remuneração	67,9%	66,2%
Responsabilidade	66,7%	56,1%
Estabilidade no emprego	62,3%	48,5%

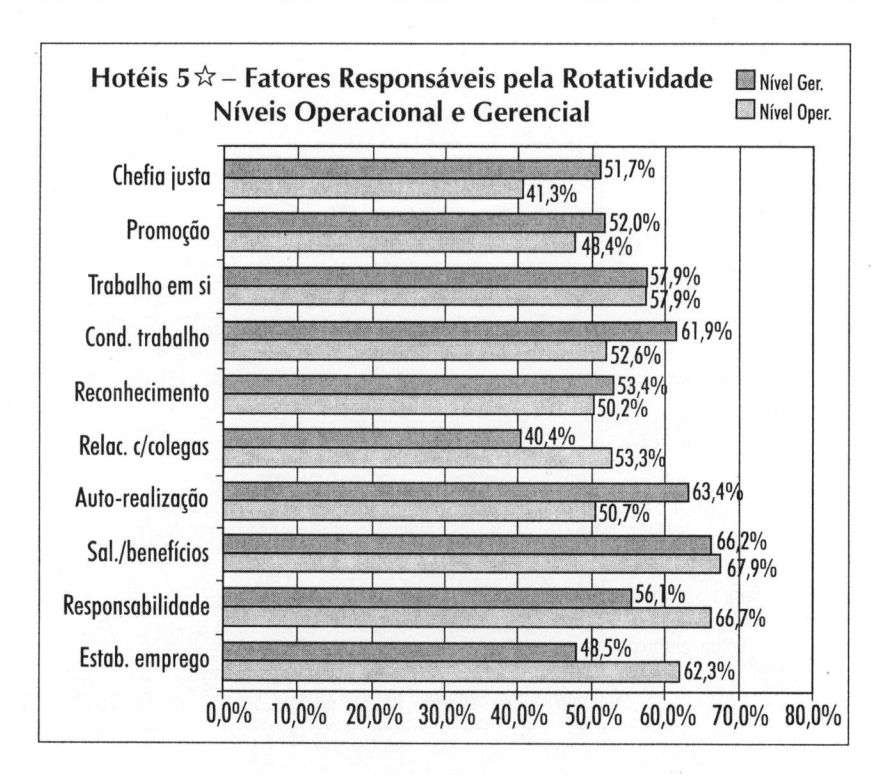

Hotéis 5☆ – Fatores Responsáveis pela Rotatividade Níveis Operacional e Gerencial

- Chefia justa: Nível Ger. 51,7%; Nível Oper. 41,3%
- Promoção: Nível Ger. 52,0%; Nível Oper. 48,4%
- Trabalho em si: Nível Ger. 57,9%; Nível Oper. 57,9%
- Cond. trabalho: Nível Ger. 61,9%; Nível Oper. 52,6%
- Reconhecimento: Nível Ger. 53,4%; Nível Oper. 50,2%
- Relac. c/colegas: Nível Ger. 40,4%; Nível Oper. 53,3%
- Auto-realização: Nível Ger. 63,4%; Nível Oper. 50,7%
- Sal./benefícios: Nível Ger. 66,2%; Nível Oper. 67,9%
- Responsabilidade: Nível Ger. 56,1%; Nível Oper. 66,7%
- Estab. emprego: Nível Ger. 48,5%; Nível Oper. 62,3%

4.4.3. Hotéis 3☆ e 5☆

Fatores Responsáveis pela Rotatividade		
	Nível Operacional	Nível Gerencial
Chefia justa	38,0%	52,5%
Promoção	41,2%	48,5%
Trabalho em si	59,0%	52,0%
Condições de trabalho	53,5%	72,0%
Reconhecimento	50,2%	57,8%
Relacionamento com os colegas	57,9%	41,9%
Auto-realização	54,5%	49,2%
Remuneração	63,7%	77,3%
Responsabilidade	67,7%	39,7%
Estabilidade no emprego	64,6%	56,4%

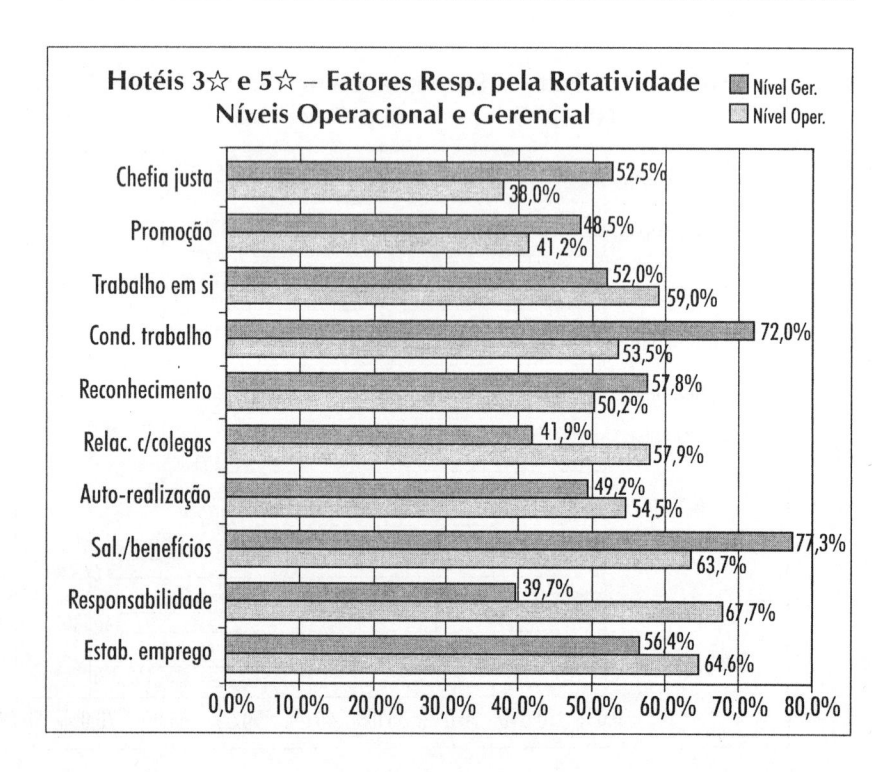

4.4.4. Fatores Responsáveis pela Rotatividade – Hotéis 3☆ e 5☆

Fatores Responsáveis pela Rotatividade dos Hotéis		
Colocação		Nível Operacional
1º	Responsabilidade	67,7%
2º	Estabilidade no emprego	64,6%
3º	Remuneração	63,7%
4º	Trabalho em si	59,0%
5º	Relacionamento com os colegas	57,9%
6º	Auto-realização	54,5%
7º	Condições de trabalho	53,5%
8º	Reconhecimento	50,2%
9º	Promoção	41,2%
10º	Chefia justa	38,0%

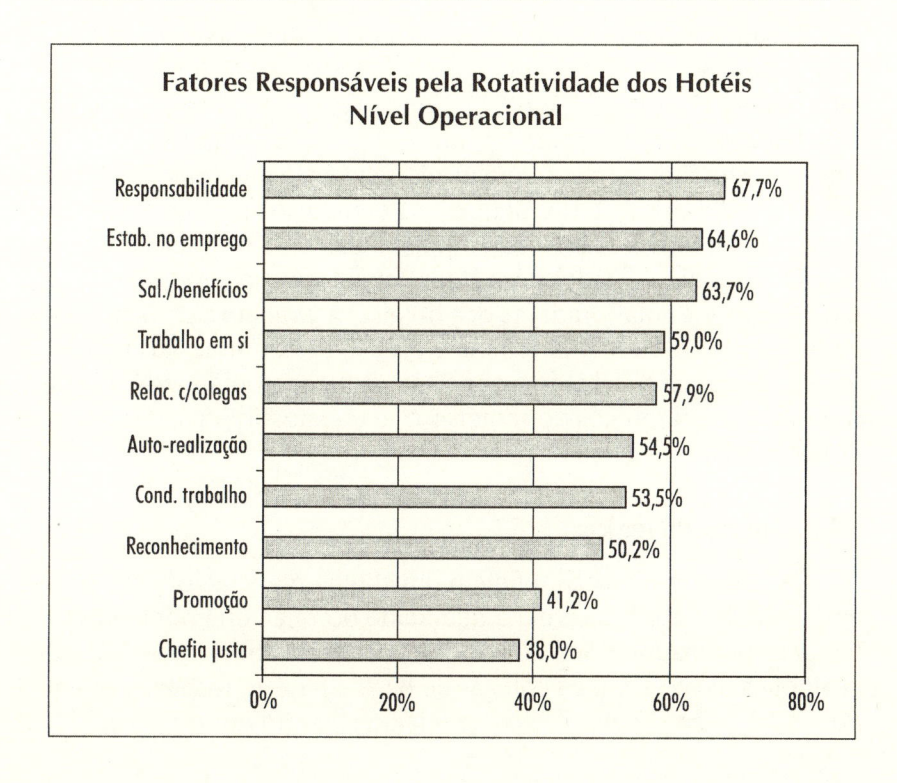

Fatores Responsáveis pela Rotatividade dos Hotéis
Nível Operacional

- Responsabilidade: 67,7%
- Estab. no emprego: 64,6%
- Sal./benefícios: 63,7%
- Trabalho em si: 59,0%
- Relac. c/colegas: 57,9%
- Auto-realização: 54,5%
- Cond. trabalho: 53,5%
- Reconhecimento: 50,2%
- Promoção: 41,2%
- Chefia justa: 38,0%

5. Análise dos Resultados

A análise da pesquisa foi pautada na teoria dos dois fatores de Frederick Herzberg. A coleta de dados foi realizada nos hotéis de padrão três estrelas e cinco estrelas.

5.1. Nível Operacional

5.1.1. Fatores Motivacionais

Pelos resultados obtidos, observa-se que os colaboradores de nível operacional se sentem bem e se consideram responsáveis pela execução e pelo sucesso das tarefas (índice de 97,5% nos hotéis padrão 3☆ e 91,9% nos hotéis padrão 5☆). O reconhecimento por parte da chefia em relação ao desempenho dos colaboradores apresenta valor semelhante nos hotéis, em torno de 81%. O ambiente de trabalho apresenta-se desafiador, principalmente nos hotéis de padrão 5☆, 77,6%.

Quanto aos fatores motivacionais, auto-realização e promoção, nota-se que a percepção dos colaboradores é diferente nos dois padrões de hotel. Enquanto nos hotéis 3☆ 66% afirmam que são utilizadas plenamente suas habilidades e capacidades, nos hotéis 5☆ apenas 58,3% o fizeram. Apesar destes índices não serem ideais, refletem a multifuncionalidade presente na administração dos pequenos hotéis. Este fato sugere a necessidade de adoção de maiores cuidados no recrutamento e na seleção, buscando candidatos mais ajustados aos cargos. Em relação ao fator promoção, apenas 58,9% dos colaboradores dos hotéis 3☆ avaliam que o sistema existente permite ao funcionário uma elevação na carreira. Nos hotéis 5☆, o índice chega a 72%. Tal fato pode ser justificado pela existência de maiores níveis hierárquicos nos hotéis 5☆, o que possibilita a promoção para novos níveis.

5.1.2. Fatores Higiênicos

Os fatores higiênicos refletem um clima organizacional favorável. O ambiente de trabalho revela a qualidade do relacionamento com a chefia, presente e apoiadora, com índices de 91,8% nos hotéis 3☆ e 84,3% nos hotéis 5☆ e, entre os colegas de 87% e 82,3%, respectivamente nos hotéis 3☆ e 5☆. O alto índice de relacionamento entre os pares sinaliza que o desenvolvimento das tarefas diárias é feito em equipe, em um clima de confiança.

Constata-se que os colaboradores percebem que a organização se preocupa com o seu crescimento profissional e pessoal, além de incentivá-los a expressarem sugestões de ações de melhoria da qualidade dos serviços nos hotéis (percentuais em torno de 80% nos dois padrões).

Verifica-se que os índices relativos à variável comprometimento apresentam valores de 80,3% na categoria 5☆ e 69,6% nos hotéis 3☆, que podem ser justificados pelo fato de que 31,1% dos colaboradores dos hotéis 5☆ e 22,5% dos hotéis 3☆ revelaram que não são informados pela chefia sobre os acontecimentos importantes para o hotel. Portanto, torna-se necessária uma melhoria na comunicação entre as chefias e os colaboradores, principalmente em relação à transmissão dos objetivos e metas dos hotéis, de modo a trazer como conseqüência o comprometimento dos colaboradores.

Os processos formais e individuais de avaliação de desempenho são conhecidos, mas 31% do público pesquisado responderam que desconhecem seus resultados.

Os índices relativos à permanência dos funcionários nos hotéis, à carga horária semanal e à remuneração apresentam-se idênticos em todos eles. Uma parcela de colaboradores (39%) acredita que o salário e os benefícios que recebe não são compatíveis com os seus deveres e responsabilidades.

5.2. Comparativo entre os Níveis Operacional e Gerencial

A pesquisa para o nível gerencial teve como foco conhecer a atuação dos gerentes junto às equipes e a sua avaliação sobre o modelo de gestão de Recursos Humanos praticado pelo hotel. A análise foi apresentada através do comparativo das respostas dos colaboradores de nível gerencial com as respostas dos colaboradores de nível operacional, objeto principal desta pesquisa.

5.2.1. Fatores Motivacionais

Pelos resultados apresentados, observa-se que os índices são satisfatórios e há coerência entre as respostas relacionadas aos fatores motivacionais: trabalho em si e processo de promoção entre as partes gerenciais e operacionais. Entretanto, em relação ao colaborador assumir a responsabilidade pela execução das tarefas há divergências entre as respostas dos colaboradores de níveis operacional e gerencial que indicam a necessidade das chefias conhecerem melhor a capacidade dos colaboradores e ampliarem as suas tarefas. "Envolver as pessoas na estruturação de suas funções e fornecer a elas o treinamento e as ferramentas necessárias para um desempenho eficiente é uma fórmula aprovada para a melhoria da qualidade e da produtividade" (Milkovitch, 2000, p. 477).

Outro fato importante a ser considerado é que 18,5% dos colaboradores afirmam não receber o reconhecimento pela sua atuação, através dos elogios das chefias. De acordo com os dados, 93,8% das chefias fazem elogios como forma de reconhecimento. É possível que as chefias possuam uma percepção superestimada de sua capacidade de elogiar o desempenho ou as habilidades dos funcionários. "Recompensar, valorizar, elogiar, singularizar os funcionários frente ao público interno ou externo são formas de se alavancar bom desempenho e excelência no trabalho" (Motta, 2000, p. 217).

A maior diferença encontrada entre as respostas dos colaboradores de níveis gerencial e operacional se refere ao fator auto-realização. Enquanto 83,5% dos gerentes avaliam que as capacidades dos funcionários estão adequadas aos cargos que ocupam, 62,2% dos colaboradores discordam desta premissa.

5.2.2. Fatores Higiênicos

A maioria dos fatores higiênicos pesquisados indica uma percepção coerente entre os níveis operacional e gerencial, destacando-se o apoio da gerência e o seu incentivo ao desenvolvimento do trabalho em equipe.

Observa-se a necessidade de uma maior eficácia no sistema de comunicação nos hotéis. Os gerentes entrevistados acreditam que se comunicam com seus colaboradores. Por sua vez, o nível operacional assimila parte das informações que lhe são repassadas. Deste modo, em relação ao fator feedback 31,5% dos entrevistados disseram não recebê-lo, contrastando com 88,9% dos gerentes que afirmaram tê-lo transmitido. Do mesmo modo as condições de trabalho apresentam-se desfavoráveis para 38,5% dos colaboradores e favoráveis para 81,3% das chefias.

5.3. Fatores Determinantes da Rotatividade

Solicitou-se que cada respondente colocasse em ordem de preferência, de acordo com sua experiência profissional não vinculada ao seu emprego atual, os principais fatores responsáveis pela sua vinculação à organização hoteleira.

Os fatores responsáveis pela rotatividade pesquisados junto às gerências dos hotéis permitiram identificar o grau de percepção destes em relação às respostas dos colaboradores de nível operacional.

Pelos resultados obtidos percebe-se claramente que as gerências dos hotéis têm uma visão equivocada dos fatores que motivam os funcionários de nível operacional a permanecerem em seus postos de trabalho.

Os fatores que requerem alinhamento são: a responsabilidade pela realização das tarefas, as condições de trabalho, a remuneração, o relacionamento com os colegas e a atuação da chefia com justiça.

Os principais fatores responsáveis pela rotatividade dos colaboradores de nível operacional não foram claramente identificados em virtude da pequena variação dos percentuais.

Verifica-se, entretanto, pelos resultados parciais da pesquisa, que os colaboradores podem permanecer por mais tempo nos hotéis se assumirem a responsabilidade pela execução das tarefas, perceberem certa estabilidade no emprego e verificarem na sua remuneração, que compreende salário mais benefícios, compatibilidade com o seu desempenho. Os fatores que menos influenciam em sua decisão são: a possibilidade de galgar outros postos nos hotéis e a atuação da chefia com justiça.

6. Conclusões

Verifica-se que, diante dos dados coletados e da análise realizada a partir destes, a maioria dos hotéis demonstra ter um conceito de gestão que permeia toda a operação, refletindo a missão e os valores por eles propostos.

Percebe-se um alinhamento estratégico, evidenciado através da atuação gerencial e do comportamento dos colaboradores operacionais.

A amostra trabalhada não abrangeu os 430 colaboradores previstos. Foram pesquisados 256 colaboradores, o que corresponde a 78% nos hotéis padrão 5☆ e a apenas 34% nos hotéis 3☆. Supõe-se que, havendo continuidade na coleta de dados, possam ocorrer significativas mudanças nas tendências observadas.

Os índices médios de rotatividade pesquisados nos hotéis, se comparados com os fornecidos pelo CAGED referidos à prestação de serviços em Salvador nos anos pesquisados, situam-se também em torno de 3%. Os referidos índices indicam que o ambiente de trabalho é favorável e que os colaboradores se encontram motivados, podendo-se ampliar a utilização de sua capacidade individual por meio do enriquecimento de suas atribuições.

Referências Bibliográficas

ALBRECHT, Karl. *Programando o Futuro: o Trem da Linha Norte*. São Paulo: Makron, 1994.

BERGAMINI, Cecília Whitaker. *Motivação nas Organizações*. 4ª ed. São Paulo: Atlas, 1997.

BERGAMINI, Cecília Whitaker; CODA, Roberto. *Psicodinâmica da Vida Organizacional: Motivação e Liderança*. 2ª edição. São Paulo: Atlas, 1997.

BOWDITCH, James L. *Elementos de Comportamento Organizacional*. São Paulo: Pioneira, 1992.

CHIAVENATO, Idalberto. *Como Transformar RH (de um Centro de Despesa) em um Centro de Lucro*. São Paulo: McGraw-Hill, 1996.

COLLINS, James C.; PORRAS, Jerry I. *Feitas para Durar: Práticas Bem-sucedidas de Empresas Visionárias*. 8ª edição. Rio de Janeiro: Rocco, 2000.

HERSEY, Paul; BLANCHARD, Kenneth H. *Psicologia para Administradores: A Teoria e as Técnicas da Liderança Situacional*. São Paulo: EDU, 1986.

KANAANE, Roberto. *Comportamento Humano nas Organizações: O Homem Rumo ao Século XXI*. São Paulo: Atlas, 1994.

LOPES, Tomas V. M. *Motivação no Trabalho*. Rio de Janeiro: FGV, 1980.

LUZ, Ricardo S. *Clima Organizacional*. Rio de Janeiro: Qualitymark, 1995.

McGREGOR, Douglas. *O Lado Humano da Empresa*. 2ª edição. São Paulo: Martins Fontes, 1992.

MILKOVITCH, George T.; BOUDREAU, John W. *Administração de Recursos Humanos*. São Paulo: Atlas, 2000.

SOUZA, Edela L. P. de. *Clima e Cultura Organizacionais: Como se Manifestam e Como se Manejam*. Porto Alegre: Edgard Blücher, 1978.

VERGARA, Sylvia C. *Gestão de Pessoas*. São Paulo: Atlas, 1999.

WAGNER, John A.; HOLLENBECK, John R. *Comportamento Organizacional: Criando Vantagem Competitiva*. São Paulo: Saraiva, 1999.

Grupo II

Cidadania Empresarial

Componentes

- Cristiane Ferreira
- Dilnéa Cesone
- **Fábio Rocha (Patrono)**
- **Luciano Avena (Vice-Coordenador)**
- Ladislau Cavalcante
- Luciana Ferreira
- Lílian Lira
- Marcos Oliveira
- **Margarida Silva (Coordenadora)**
- **Melissa Bahia (Diretora de Responsabilidade Social – ABRH-BA)**

Grupo Cidadania Empresarial – Nossa História

Apesar do lançamento do projeto dos grupos ter ocorrido em dezembro de 2002, a primeira reunião do grupo de Cidadania Empresarial só veio a acontecer em 17 de junho de 2002, por falta de demanda. Já haviam sido convidados, para patrono Fábio Rocha e para coordenador, Helenice da Costa. Neste primeiro encontro só compareceram dois associados, a diretora técnica da ABRH-BA e a referida coordenação. Cada um se apresentou, falou das suas expectativas e discutiu o regimento. Ficou acertado que Fábio Rocha faria um comunicado a todos os associados, explicando um pouco sobre o que vinha a ser Responsabilidade Social e convidando para a participação no grupo.

Um segundo encontro aconteceu no dia 15 de julho, já com a presença de quatro associados, coordenação e diretoria técnica, ocasião em que foram levantadas as expectativas por escrito através de um jogo, trazendo alguns questionamentos sobre Responsabilidade Social. Foi acordado, então, que na próxima reunião, dia 21 de agosto, o patrono faria uma exposição sobre o tema, tentando alinhar conceitos e equalizando o conhecimento dos membros do grupo.

No início do processo algumas dificuldades surgiram, entre elas a do grupo definir a sua missão e encontrar uma estratégia para cumpri-la. Isto se deu, principalmente, porque a coordenadora, por uma série de problemas profissionais, não pôde continuar no grupo. Enquanto não se definia a nova coordenação, as reuniões passaram a ser vazias, cansativas, sem objetivo e sem foco.

Com a assunção da nova coordenadora, Margarida Silva, estabeleceu-se uma estratégia de ação, definindo-se metas e, então, o grupo conseguiu avançar, tendo ainda muitos projetos para o futuro.

A partir de então, as reuniões passaram a acontecer regularmente uma vez ao mês, nas terceiras segundas-feiras de cada mês, na sede do CIEE (Centro de Integração Empresa-Escola), com uma presença média de 10 participantes.

Buscando facilitar a comunicação entre seus membros, foi criado um e-mail na Internet para troca de informações, cujo endereço foi: abrhba-cidadania@grupos.com.br.

No segundo semestre, já havia uma maior identidade coletiva garantida pela assiduidade de seus integrantes, sendo possível definir, com base nos temas sugeridos no projeto de criação dos Grupos de Estudo da ABRH-BA, a missão do grupo: "Despertar e fomentar atitudes cidadãs nas organizações, conscientizando-as da sua responsabilidade social".

A elaboração da missão foi de suma importância para nortear as ações a serem realizadas, estabelecendo metas e plano de ação.

A primeira ação estabelecida no plano de metas foi buscar despertar nos associados da ABRH-BA a conscientização sobre Responsabilidade Social, e, como estratégia, a elaboração de uma cartilha para difundir os princípios básicos do tema. Esta cartilha recebeu o título de "Responsabilidade Social: Para Começar a Entender", sendo iniciada a sua construção em dezembro/2002 e concluída em maio/2003.

A proposta do grupo com relação à cartilha é que pudesse ser simples, de fácil assimilação, mas que abordasse os princípios básicos de Responsabilidade Social: Direitos Humanos, Valores Éticos e Sociais, Cidadania (no lar, no trabalho, no meio ambiente e social), Propaganda Social e Marketing Social.

A grande estratégia para despertar "ações cidadãs" era ter ações voltadas para fora, pois pouco adiantaria só discutir e não socializar os conceitos e princípios ligados ao tema. Daí a idéia de escrever a cartilha. O grupo entendeu que de nada adiantaria escrever e não divulgar, surgindo o seminário como estratégia para o seu lançamento. Por não possuir fonte de receita, foram criadas frentes de trabalho para busca de patrocínio, tanto para o evento como para a edição da referida cartilha.

Em abril/2003 o grupo passou a contar com o apoio e a participação da Diretoria de Responsabilidade Social da ABRH-BA, representada por Melissa Bahia. Nesta época, já se discutia a necessidade da realização de um evento para lançamento da cartilha, o que culminou com o projeto do seminário sobre Inclusão Social da Pessoa com Deficiência, que veio a acontecer em junho/2003 com o tema: "Inclusão Social: Responsabilidade de Todos". Nesta ocasião, houve o lançamento da cartilha.

O evento aconteceu no auditório da Universidade de Salvador – Unifacs, contando com 180 participantes e com o apoio de várias instituições responsáveis pela inclusão de pessoas com os diversos tipos de deficiência: Sorri Bahia, Fundação Bradesco, Ser Down (Associação Baiana de Síndrome de Down), Abadef (Associação Baiana de Deficientes Físicos), Apada (Associação de Pais e Amigos de Deficientes Auditivos), Apae (Associação dos Pais e Amigos de Excepcionais), Setras (Secretaria do Trabalho e Ação Social do Governo do Estado) e CAC (Centro de Ações Comunitárias da Universidade de Salvador – Unifacs). A abertura do seminário foi agraciada com o coral de surdos da Apada e o seu encerramento com o show humorístico e educativo de Geraldo Magela, O Ceguinho, patrocinado pela COELBA.

Mesa de abertura do Seminário de Responsabilidade Social – Grupo de Cidadania Empresarial – 17/6/2003

Seminário de Responsabilidade Social – Grupo de Cidadania Empresarial com Geraldo Magela – 17/6/2003

A cartilha foi editada com o patrocínio de empresas que distribuíram a seus colaboradores e clientes, sendo que a primeira edição teve uma tiragem de 2.000 exemplares e foi patrocinada pelas empresas Cofic – Comitê de Fomento Industrial de Camaçari, Millennium Chemicals e UCAR. A segunda edição, com uma tiragem de 3.500 exemplares e com o patrocínio da Odontósystem. Cópia dela foi disponibilizada para todos os associados da ABRH-BA, como também passou a ser distribuída nos eventos da associação.

Para manter as características originais da cartilha, o grupo a registrou no Escritório de Representação de Direitos Autorais, na Fundação Biblioteca Nacional, sob o número de protocolo 1.070, em 15/08/2003.

Em julho/2003, dando continuidade aos estudos, o grupo resolveu aprofundar seus conhecimentos sobre Código de Ética, tendo por base os textos do Instituto Ethos. Decidiu também fazer um mapeamento das ações de Responsabilidade Social praticadas pelas empresas associadas da ABRH-BA, cujo objetivo será fornecer subsídios para o lançamento, futuramente, do "Prêmio ABRH-BA de Responsabilidade Social".

O grupo encontra-se atento aos cursos e eventos promovidos pela ABRH-BA e outras entidades sobre os temas Responsabilidade Social, SA 8000, contribuindo com a sua participação.

Decidiu também lançar o Volume II da cartilha, enfocando a Responsabilidade Social no Trânsito, cujo material se encontra em fase de estudo e elaboração. A cartilha deverá ter o seguinte título: "Responsabilidade Social no Trânsito: Repensando Atitudes".

Buscando validar sua identidade, criou a logomarca que retrata os anseios do grupo e tem os seguintes significados. "A espiral revela o desejo de crescimento, expansão, buscando a universalidade. A cor lilás significa espiritualidade, transmutação e renovação."

O grupo "Cidadania Empresarial" é hoje um grupo coeso, integrado, usando as opiniões divergentes de seus integrantes como forma de aprofundar as questões discordantes, sendo as reuniões bastante produtivas e agradáveis, com a presença de dez membros assíduos, pontuais e comprometidos com a missão do grupo.

Cartilha lançada em 17/6/2003

:: Responsabilidade Social ::
Para Começar a Entender

Tudo passa pelos Direitos Humanos

O dever de responder pelos seus atos no âmbito social é a idéia central a qual se refere a expressão **"Responsabilidade Social"**. Pensar, e principalmente, agir eticamente na vida pessoal e profissional representa a mais simples e pura forma de Responsabilidade Social! Responsabilidade esta, que passa pelo fundamento real do desenvolvimento e universalismo do direito à vida, oportunidades e capacidade de escolha, agora e no futuro, além de garantir eticamente às futuras gerações oportunidades iguais às que as gerações anteriores tiveram.

Temos vivido situações de exclusão social e só atitudes pró-ativas podem reverter este quadro. Por isso, também chamar para si a responsabilidade da mudança, que não pode mais ser empurrada para as sociedades do futuro (já estamos atrasados!) é um grande passo para o começo. Como? É sempre mais fácil do que imaginamos! Se comprometa, ou comprometa a organização na qual você é líder, com a adoção de padrões éticos de comportamento, contribuindo assim para o desenvolvimento econômico e social da comunidade em que vive, e por que não?, dando sua PEQUENA/GRANDE contribuição ao mundo!

Importante é ter Valores Éticos

A vida não deve ser valorizada apenas porque uma pessoa produz bens materiais ou faz parte da cadeia de bens produtivos. Cada ser humano nasce e desenvolve um potencial, mas precisa de oportunidades e condições adequadas para que possa crescer e evoluir.

É muito justo que cada indivíduo e cada geração tenha o direito de usar suas potencialidades, contudo sem perder o foco das futuras gerações, que tanto quanto as atuais, precisam receber condições de desenvolvimento fundamentado na sustentabilidade social, econômica e ambiental. É o emprego do **valor ético** como uma das ferramentas para **garantir o futuro!** Essa é a melhor herança que podemos deixar para nossos filhos...

Valores para a Cidadania

> ... Todas as mudanças começam em casa

Ser cidadão é exercer plenamente **nossos direitos** sem nunca esquecer os **nossos deveres**. Sabemos que um núcleo familiar saudável forma indivíduos responsáveis. Por isso devemos saber também, que pequenos hábitos pessoais como não incomodar os vizinhos, colocar o lixo na rua, nos dias e horários determinados, não desperdiçar água e energia elétrica, e muitas outras pequenas contribuições, que ao serem somadas, tornam nossa vida mais fácil e saudável.

... No seu ambiente de trabalho

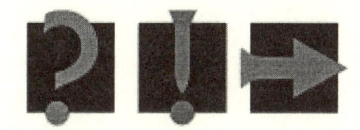

É responsabilidade social respeitar todos os direitos do colaborador e principalmente, não ter preconceitos. Sexo?, cor?, idade?, deficiência física ou necessidades especiais?, será que ao discriminar um candidato por tais características, que na maioria das vezes nem interferem no desempenho da função, não se perde um excelente profissional?!

Treinamento e desenvolvimento são diferenciais muito importantes para o bom desempenho de qualquer profissional. É também papel da organização desenvolver seus colaboradores. Saiba que incentivar o trabalho voluntário dos colaboradores em organizações sociais é uma forma de educá-los na economia de recursos.

Não importa se você é o dono, chefe ou colaborador, respeitar as diferenças individuais de cada pessoa, promover um ambiente harmonioso, higienizado, com as condições de segurança e saúde adequados são pré-requisitos para se ter, e fazer parte de uma organização de sucesso.

Valores para a Cidadania cont.

... Cuidando do meio ambiente

É importante criar hábitos de reciclagem, dentro das organizações e na vida privada. Por exemplo: reduza o consumo e recicle papéis e embalagens sempre que possível. Faça doação de material excedente, como equipamentos e móveis que precisam ser descartados. O consumo de produtos reciclados e recicláveis é bastante positivo ao incentivo da produção desses bens. Ah!... Lembre-se sempre de jogar o **lixo no lixo**. É assim que tudo começa!

... Valorizar o meio social

Estar atento as demandas da comunidade é um grande passo na responsabilidade social. **Melhorar a educação** oferecida pelas escolas públicas é um ganho para a sociedade. A ajuda pode ser através de palestras oferecidas a professores e alunos sobre habilidades profissionais necessárias para atuar em suas áreas de trabalho. Doação de equipamentos, livros ou materiais para trabalhos escolares, também é uma opção. Lembre-se que, participar das reuniões de moradores do bairro, da rua, ou do condomínio é fundamental para exercer sua cidadania.

Você sabia...
Propaganda Social é diferente de Marketing Social?

Precisamos, antes de entender o que é marketing social, diferenciá-lo de propaganda social.

Propaganda Social apenas divulga as ações de uma organização e sua relação com as causas sociais. A propaganda não provoca mudanças no comportamento das pessoas e sua relação com a adoção de princípios de responsabilidade social. O ato de fazer propaganda para mostrar que a organização está envolvida com a prática da filantropia é necessária e justa, mas não é suficiente para considerá-la como organização socialmente responsável.

Marketing Social é uma estratégia de mudança de comportamento. Ele combina os melhores elementos das abordagens tradicionais da mudança social em um esquema integrado de planejamento e ação, aproveitando os avanços na tecnologia das comunicações aliada ao marketing. A junção do "social" ao marketing adveio justamente do significado da mudança no social geralmente associada ao projeto, implantação e controle de programas voltados para o aumento da disposição da aceitação de uma idéia ou prática social.

Expediente:

Elaboração: Grupo de Estudo Cidadania Empresarial - ABRH/BA
Presidente: Carlos Pessoa
Diretora de Responsabilidade Social: Melissa Bahia
Diretora Técnica: Catarina Marques
Participantes: Cristiane Ferreira, Dilnéa Cesone, Fabio Rocha, Ladislau Sousa, Lílian Lira, Luciana Ferreira, Luciano Arena, Marcos Oliveira e Margarida Silva.
Redação: Luciana Ferreira MTB 1656
Projeto Gráfico: Med Arte Design (m.medina@terra.com.br)
Contato: cidadania-empresarial@grupos.com.br
Sites Relacionados ao Tema:
www.ethos.org.br
www.abrh.com.br
www.aacd.org
www.teleton.org.br
www.ajudabrasil.org

Realização:

ABRH-BA
Sistema Nacional ABRH

Grupo III

Recrutamento e Seleção de Talentos

Componentes

- Andréia da Conceição Santos
- Carmen Lúcia Siqueira Pinheiro
- Cláudia de Matos Santos
- ***Heveline França de Souza* (Coordenadora)**
- Marilene da Silva
- Nair Teresinha Warken Rosin
- Rita de Cássia Cunha Caldeira Mesquita
- Rosângela Silva Freitas
- Sani Cristina Barreto
- ***Sonia Aparecida da Costa* (Patrona)**
- Tereza Cristina Santiago Santos

Grupo Recrutamento e Seleção de Talentos – Nossa História

Começamos nossa caminhada em março de 2002, com um grupo heterogêneo, formado por profissionais de vários ramos de atividade, com atuação em segmentos distintos (varejo, indústria, serviço e educação), mas com objetivos comuns.

A nossa missão era ser um grupo de estudo e pesquisa em técnicas de R&S, de maneira a nos mantermos atualizados nas melhores práticas com o objetivo de detectar, suprir e identificar profissionais qualificados para colaborar na superação de resultados com aprimoramento e realização pessoal. Definimos, então, que os encontros seriam sempre às últimas quartas-feiras de cada mês.

Conhecer o perfil comportamental de uma pessoa significa otimizar ao máximo o seu potencial, e isso se traduz em maior desempenho, maior retenção do indivíduo no cargo e na empresa, enfim, melhores resultados organizacionais. Por outro lado, não usar um instrumento formal de avaliação pode significar custos elevados em demissões, causas trabalhistas, improdutividade, horas extras e retreinamento. Diante disso são necessárias habilidades para conduzir um processo seletivo que venha a atender as necessidades específicas de cada organização. Neste sentido, a Seleção tem como objetivo pesquisar, suprir e identificar profissionais qualificados que colaborem para a superação de resultados com aprimoramento e realização pessoal. Dessa forma, buscamos temas dentro de técnicas de seleção que nos dariam subsídios à melhoria do desempenho profissional e que seriam trabalhados ao longo do ano. Foram eles:

- Entrevista de Seleção.
- Formas alternativas, optando-se pelo Inventário de Gestão de Comportamento.

- Grafologia dentro do Processo de Recrutamento e Seleção.
- Dinâmica de Grupo.

No desenvolvimento dos temas existiu não só a presença dos membros do grupo, como também a participação de renomados palestrantes, enriquecendo cada vez mais a nossa caminhada. No decorrer das apresentações surgiram trocas de experiências, dúvidas, questionamentos e, a cada trabalho, a necessidade da busca contínua pelo conhecimento.

Grupo de Recrutamento e Seleção de Talentos – Apresentação, por Heveline França, do material produzido pelo grupo no I Encontro dos Grupos de Estudo – 1/8/2002.

O grupo demonstrou como principais características a humildade, o acolhimento e uma grande vontade de crescer e amadurecer profissionalmente. No decorrer do processo algumas pessoas se afastaram, outras desistiram e outras passaram a fazer parte do grupo. Com o tempo este panorama se estabilizou, mantendo-se um núcleo forte, fazendo com que novos integrantes pudessem se agregar, formando uma grande equipe de trabalho, cada um com características particulares, que, dentro das suas possibilidades, puderam contribuir para o desenvolvimento do grupo e do trabalho, até mesmo surgindo amizades e vínculos de afeto e carinho.

GRUPO III: RECRUTAMENTO E SELEÇÃO DE TALENTOS

O primeiro ano se foi e, independente de um cronograma preestabelecido pela ABRH-BA, o grupo continuou se reunindo, discutindo várias questões importantes dentro do processo de recrutamento e seleção, tais como: preconceito no mercado de trabalho e o papel do recrutador, o Networking, a questão da terceirização e a indicação no processo seletivo, tendo com principal base de trabalho, a Ética. Novos componentes se filiaram ao grupo, que passou a ter uma dinâmica ainda melhor com relação a vínculos e trabalhos.

Em abril, a ABRH-BA realizou uma Oficina com todos os grupos de estudo, onde foram explicitadas e avaliadas as vulnerabilidades e potencialidades do grupo e, a partir daí, novos rumos foram traçados para 2003. Vários temas foram abordados, tais como: rotatividade de funcionários, competência, indicação e preconceito/exclusão, entendendo da sua importância e presença nos contextos atuais, de impacto direto nas pessoas, até a escolha do tema central a ser trabalhado neste ano.

Definimos que esse novo tema seria tratado de forma mais prática intervindo nas várias realidades, dando uma contribuição para a sociedade, buscando além do embasamento teórico a pesquisa de campo e uma compreensão mais concreta da realidade.

Optamos por desenvolver um Artigo sobre Seleção por Competências, por ser um tema novo, pouco conhecido e utilizado pelas Organizações e pelos profissionais de RH, traduzindo-se em desafio e interesse para o grupo.

Definido o produto, revimos Missão, Objetivos e Metodologia:

- **Missão:** ser um grupo de estudo e pesquisa de técnicas de Recrutamento e Seleção, de maneira a nos mantermos atualizados nas melhores práticas e contribuir para que os processos seletivos sejam mais fidedignos, pautados na ética e na competência profissional.

- **Objetivos:** 1. Detectar ferramentas que subsidiem a tomada de decisão nos processos seletivos; 2. Manter 90% de participação dos membros do grupo, elevando a motivação através de atividades inovadoras que possibilitem a aquisição de conhecimentos.

- **Metodologia:** Objeto de estudo – Seleção por Competências, sendo baseado em fundamentação teórica e pesquisa junto a empresas da Região Metropolitana de Salvador que utilizam o método.

No decorrer das reuniões vimos a necessidade de aumentarmos o número de encontros, definindo-se um novo cronograma (com encontros quinzenais). A dinâmica das reuniões foi alterada, incluindo momentos de sensibilização através de músicas, leitura de textos, dinâmicas, promovendo momentos de integração do grupo, tendo ao final uma avaliação dos trabalhos.

No cronograma foi traçado um plano de ação estabelecendo as realizações das etapas até o final do ano, sendo o nosso norte para o cumprimento de prazos. Várias reuniões extras aconteceram para que o objetivo final fosse alcançado.

Com relação ao tema escolhido, primeiro foi realizado um levantamento bibliográfico, que norteou o trabalho a ser feito. Em seguida foi desenvolvido um esquema (que seria o corpo do artigo), que contemplava alguns temas dentro da Seleção por Competências, determinando divisões em subgrupos que posteriormente foram abandonados, por terem sido descobertos outros caminhos que nos levariam mais ao foco do que pretendíamos.

No decorrer do processo percebeu-se um crescimento do grupo e a cada encontro destaques iam surgindo, possibilitando então uma liderança situacional. A pesquisa de campo foi riquíssima para obtenção de um retrato nem sempre perfeito diante das contradições da realidade, porém cheio de pontos positivos e agregador de valor para pessoas e organizações.

Podemos dizer que o grupo apresentou duas fases. A primeira marcada pelo fortalecimento do vínculo, o que possibilitou a entrada de pessoas sem que o grupo se desestruturasse e, a segunda, marcada pela elaboração do produto final.

Diante de buscas, descobertas, abandonos, entradas, saídas, mudanças de caminhos, aprendemos que as dificuldades e o recomeço fazem parte do nosso processo de aprendizagem e desenvolvimento, nos proporcionando ter uma visão mais ampla, percebendo a importância deste crescimento no nosso exercício profissional e pessoal, reafirmando sempre a presença da postura Ética.

Seleção por Competências

Competência e Novo Modelo de Seleção

O presente artigo surgiu da comparação e análise das mudanças percebidas nas organizações quanto ao modelo tradicional de gestão com a nova tendência de otimização dos processos focando competências e, dessa forma, imprimindo uma nova dinâmica nas empresas no que se refere à busca e ao levantamento do perfil dos profissionais a compor o seu quadro de pessoal, a retenção e o desenvolvimento de talentos.

Assim como houve uma transformação na estruturação de cargos e salários, retirando-se a tradicional descrição de cargos para a avaliação por competências e/ou habilidades, a seleção por competências passou a ser valorizada como ferramenta propiciadora para levantar perfis mais completos para a contratação, uma vez que hoje se fala em capital humano, inteligência emocional, fazendo-se necessária a busca não apenas do profissional para o lugar certo, mas sim de um conjunto maior, um ser humano na sua integridade, buscando realizar um casamento entre o que as organizações querem e o objetivo que o profissional acredita, atrelando a importância de cada profissional com os valores organizacionais.

O artigo ora apresentado contém todos os elementos obtidos de forma sintética e servirá como subsídio para profissionais que desejam iniciar o processo seletivo no modelo de competências. Não podemos começá-lo sem falar dos vários conceitos que a palavra competência ganhou com o passar do tempo e as áreas em que foi inserida no sistema de RH, seja na Gestão, Remuneração, Treinamento e/ou Avaliação, chegando mais recentemente a Seleção.

Para tanto, foi necessária a busca de um estudo ampliado sobre competência que verificamos ter iniciado em meados dos anos 80, na França, onde empresas, pesquisadores e consultores começaram a se interessar pelo assunto.

A partir de uma pesquisa realizada em pequenas e médias empresas do setor moveleiro, nos anos 1985/86, no âmbito do programa de pesquisa organizado pelo Centro de Estudos e Pesquisas sobre as Qualificações, Zarifian viu emergir o que propôs chamar de "modelo da competência", enquanto modelo de gestão de recursos humanos.

O ponto de partida da pesquisa foi a constatação de uma mudança no modelo de julgamento avaliativo que gestores dessas empresas e responsáveis por elas faziam sobre sua mão-de-obra. Esta mudança tinha por finalidade avaliar e gerenciar a mão-de-obra, levando em consideração as habilidades corporais, como destreza, habilidade de gestos e rapidez na execução de tarefas, tendo como referência a solicitação feita ao conhecimento do processo de trabalho.

Esta nova avaliação da competência chamava a atenção para o propósito de abandonar uma abordagem categorizadora e homogeneizadora da mão-de-obra. O sistema dominante tratava de avaliar os "recursos em entendimentos de processos produtivos e iniciativa", que nada diziam sobre as competências específicas de cada uma dessas pessoas. Vivia-se em um universo falsamente homogêneo, que impedia uma visibilidade mais fina e mais real das qualificações e dos comportamentos utilizados no trabalho.

Classificar os colaboradores a partir do posto de trabalho não demonstrava informação que explicitasse as competências dos indivíduos que ocupavam diferentemente os postos de trabalho. Daí o "sonho" de alguns líderes de produção de conseguir avaliar as competências pessoais de cada colaborador, independentemente dos postos ocupados.

Para Philippe Zarifian, há três mutações principais ocorridas no mundo do trabalho que justificam a emergência do modelo de competências para gestão das organizações:

- a noção de incidente, aquilo que ocorre de forma imprevista, que pode afetar o sistema de produção, implica que a competência não pode estar contida nas predefinições da tarefa, fazendo com que as pessoas precisem estar sempre mobilizando recursos para resolver novas situações;

- a noção de comunicação, que implica a necessidade das pessoas compreenderem o outro e a si mesmas para partilharem objetivos e normas organizacionais;

- a noção de serviços que implica atender um cliente externo ou interno à organização de forma central e presente em todas as atividades.

O trabalho não se configura mais apenas como o conjunto de tarefas associadas descritivamente ao cargo, mas torna-se o prolongamento direto da competência que o indivíduo mobiliza em face de uma situação profissional cada vez mais mutável e complexa, sendo definido assim por Zarifian: como a tomada de iniciativa e de responsabilidade do indivíduo; a inteligência prática das situações, que se apóia sobre os conhecimentos adquiridos e os transforma; a faculdade de mobilizar redes de atores em torno das mesmas situações, co-responsabilidade e partilha do que está em jogo em cada situação.

Já para os autores Sparrow e Bognanno (1994), competência diz respeito a uma lista de atitudes que possibilitam o profissional adaptar-se a um ambiente instável e ter uma orientação para a inovação e para a aprendizagem contínua. Para eles, as competências representam atitudes identificadas como fundamentais para a obtenção de alto desempenho em um trabalho específico, ao longo de uma carreira ou no âmbito estratégico da organização..

Para Nisembaum (2000), competências organizacionais estão de acordo com o conceito estabelecido por Prahalad e Hamel (1990), que trabalham com três níveis de competência dentro das organizações: as básicas, as essenciais e as individuais. As básicas são as capacidades que a empresa necessita ter para trabalhar, pré-requisitos fundamentais para administrar com eficácia. As essenciais são aquelas que preenchem os requisitos de ter seu valor percebido pelo cliente, trazendo diferenciação entre os concorrentes e aumentando a capacidade de expansão em seus produtos ou serviços. As individuais são atributos relacionados a determinada pessoa e devem ser identificadas de forma que permitam dar sustentação às competências essenciais, possibilitando definir e desenvolver ações de aprendizagem efetivamente integradas às necessidades estratégicas.

De acordo ainda com Nisembaum, a competência é caracterizada pela integração e coordenação de um conjunto de habilidades, conhecimentos e atitudes, que, na sua manifestação, produzem uma atuação diferenciada, difundindo-se de forma ampla, por toda a organização. As competências decorrem da aprendizagem, promovendo o envolvimento e o comprometimento de todos os participantes nos negócios da organização.

Segundo Rabaglio (2001), competência se diferencia de ser competente e ter competência. Ser competente significa ter bom desempenho em determinada tarefa, o que não quer dizer que este desempenho será sempre bom. A pessoa pode ser competente por uma causalidade. Ter competência para a realização de uma tarefa é ter conhecimentos[1], habilidades[2] e atitudes[3] que permitam ao indivíduo desempenhar com eficácia determinadas tarefas em qualquer situação.

Com a globalização na década de 90 e seus desafios de crescente competitividade das atividades, chegou-se ao alinhamento definitivo das políticas de gestão de recursos humanos às estratégias empresariais, incorporando à prática organizacional o conceito de competência, como base do modelo para se gerenciar pessoas.

Essa tendência tem sido observada não só em empresas de países desenvolvidos, mas também em empresas estabelecidas no Brasil, a exemplo das organizações pesquisadas: Braskem, Cetrel, Bosch, MRG Consultoria e Hotel Pestana.

Segundo Gramigna (2002), empresas brasileiras já vinham se preparando quando utilizavam ferramentas, metodologias e práticas que faziam parte de um conjunto inovador, constituído de um programa abrangente e sistêmico, que agregava valor ao negócio e onde o grande ganho era a participação dos funcionários.

As empresas mais avançadas têm procurado captar profissionais que possuam as competências necessárias às estratégias do negócio, desenvolver competências essenciais e remunerá-las adequadamente, através da participação nos resultados, remuneração variável e mesmo remuneração fixa, tomando como base as competências desenvolvidas e praticadas. Investir em pessoas, desenvolvendo suas competências, é a melhor maneira de uma empresa crescer de forma sustentável.

Para isso, as empresas começaram a adotar novos modelos de gerir seus colaboradores, como a Gestão por Competências, que tem maior aplicação quando associada à Gestão de RH, pois as competências passam a ser focadas nas atividades de seleção, de treinamento, de remuneração e carreira, criando-se modelos mais amplos e específicos.

---

[1] De acordo com Dicionário Aurélio: Informação ou noção adquiridas pelo estudo ou pela experiência.
[2] Segundo Gramigna: agir com talento, capacidade e técnica, obtendo resultados positivos.
[3] Reação ou maneira de ser, em relação a pessoa(s), objeto(s), etc.
Conjunto de valores, crenças e princípios, formados ao longo da vida. Ibidem.

Para Gramigna (2002), a Gestão por Competências vem chegando ao Brasil, advinda das multinacionais e das novas empresas. O processo inicia-se com base nas entrevistas feitas sobre incidentes críticos já acontecidos, fazendo uma comparação dos comportamentos usados no dia-a-dia de uma pessoa com os de outra considerada excelente. A partir de então, surgem as escalas baseadas em perfis. Esse modelo vem se tornando um processo de enorme impacto nos resultados organizacionais.

A metodologia utilizada por Gramigna, em sua Consultoria, vale-se de uma metáfora baseada na árvore, onde ela compara o desenvolvimento de competência do ser humano ao processo de crescimento da árvore. É um processo que exige elaboração de estratégias, uso de ferramentas específicas e uma metodologia de orientação para sua implantação. Para ela, "o domínio de determinadas competências faz com que profissionais e organizações façam a diferença no mercado".

Segundo Alberto Alvarães, em seu artigo a Gestão por Competências, "é mais do que uma forma de administrar, é uma filosofia de desenvolvimento de talentos nas empresas. Através dela podemos orientar as ações das pessoas", devendo ser adequada a cada empresa.

Atualmente, algumas empresas trabalham com o mapeamento das competências através de softwares que permitem armazenar esses dados e fazer um levantamento sistemático, podendo o usuário fazer uma triagem, identificar as tarefas de cada funcionário e o que ele precisa para realizá-las ou, ainda, identificar também as lacunas de qualificação, para promover programas de aprendizado em planos de treinamento e desenvolvimento, dando aos gerentes condições de escolher as melhores equipes para seus projetos. Quanto aos funcionários, passam a ter acesso às informações, sentindo-se responsáveis por seu crescimento, podendo traçar planos de desenvolvimento.

A Gestão por Competências, então, representa uma mudança cultural em direção a um maior senso de responsabilidade e autogestão dos funcionários.

Trabalhar com o conceito de competências é direcionar o foco, concentrar energias no que é necessário trabalhar, para que a empresa alcance os seus objetivos operacionais e estratégicos. É pré-requisito fundamental para administrar com eficácia e para que a empresa possa competir no futuro.

Cabe a uma Gestão de Recursos Humanos Estratégica, identificar essas necessidades atuais e planejar o desenvolvimento de competências e habilidades futuras, visando suprir a organização de profissionais capazes de inovar, estimular e manter a competitividade do negócio. Para identificar novas necessidades, os gestores devem pensar constantemente em quais serão as novas formas de gerir os negócios, devendo o profissional de RH conduzir os processos de treinamento, remuneração, avaliação e seleção, de forma diferenciada, para que esses atributos sejam analisados como fatores estratégicos.

Com este modelo de Gestão, o processo de Treinamento decorrerá da ação da empresa para identificar e buscar realizar as mudanças qualitativas desejáveis.

A definição da aspiração estratégica da empresa e a identificação das competências organizacionais existentes permitem estabelecer as ações de aprendizagem a desenvolver, devendo ser integradas dentro de um processo de educação corporativa que tenha como objetivo orientar e direcionar todas as ações de educação, para atender as necessidades de curto, médio e longo prazos.

A nova Gestão permite assegurar um processo de educação continuada para atender às necessidades estratégicas. Exemplo disso são as Universidades Corporativas, que vêm surgindo com muita força no Brasil, criando um cenário contrário ao que era visto antes, onde o treinamento atendia a necessidades passadas.

As Universidades Corporativas têm como foco o desenvolvimento de competências tanto organizacionais quanto individuais, tendo como maior desafio não perder de vista o negócio da empresa. Assim como uma outra forma que vem sendo desenvolvida em função da necessidade de reciclagem de conhecimentos, desenvolvimento de capacitação e disponibilização de tempo, que é a educação a distância, ampliada através da Internet.

Capacitar gente tem sido o diferencial competitivo de maior peso para uma organização. Concretizar o plano de treinamento e desenvolvimento por competências consiste em identificar a distância existente entre as competências organizacionais atuais e as competências a desenvolver, bem como os mercados presente e futuro. Ainda assim, é preciso, num primeiro momento, fazer um diagnóstico para saber o grau de competência e suas necessidades de treinamento, para que se ajuste às ações do negócio da empresa. Certamente esta análise norteará as ações que levarão à construção de novas competências ou ao aprimoramento das atuais, com o objetivo de serem disseminadas pela organização.

As ações de treinamento ainda são de difícil mensuração e a transformação obtida com o desenvolvimento nem sempre é alcançada em curto espaço de tempo. Entretanto, as empresas orientadas para o futuro vêm buscando empreender seus esforços para retenção de talentos. É um avanço no processo de aprendizagem.

A administração da remuneração sempre foi considerada uma questão crítica de suma importância para a eficiência organizacional e, diante das pressões resultantes de um ambiente cada vez mais competitivo, vem ganhando espaço ainda maior à medida que afeta diretamente a capacidade de sobrevivência das organizações.

A dificuldade em reter mão-de-obra qualificada, a preocupação em manter os custos de produção a nível internacional e a busca pelo comprometimento para com os objetivos organizacionais sinalizam a importância de uma gestão de remuneração alinhada às estratégias, firme e criteriosa, requerendo instrumentos próprios, consistentes e voltados para resultados.

Embora se perceba um avanço nas técnicas de administração salarial, tornando-as mais compatíveis com as necessidades atuais das organizações, poucas são as alternativas que rompem efetivamente com as tradicionais utilizadas. Deve-se ressaltar que, se para algumas organizações essa ruptura vem-se tornando uma necessidade, em função do ambiente de pressão e do ritmo das mudanças a que estão submetidas, para outras ela pode ser dispensável, uma vez que no contexto em que se inserem, tais técnicas (centradas em cargos) ou algumas variações delas, são suficientes para suprir suas necessidades de gestão.

Diante deste cenário, surgem os modelos de remuneração por competências, mudando o foco do cargo para o indivíduo, objetivando ser mais justo no estabelecimento de carreira e estímulo à capacitação dos profissionais.

A remuneração fica diretamente vinculada a um processo de certificação das competências, no qual o profissional tem que demonstrar o domínio do conhecimento e da capacidade prática através de provas, comitês de avaliação ou outros métodos aplicados.

É previsto inicialmente um aumento nos custos com treinamento e pagamento de salários nas organizações que implantam a remuneração por competências, porém é considerado como investimento, cuja contrapartida se dá em termos de eficácia organizacional e racionalização de quadros de pessoal.

Os métodos de avaliação de pessoal têm sido ampliados em função da evolução da gestão de recursos humanos, sempre sinalizando para a abertura e descentralização.

Segundo Gramigna (2002), hoje, a avaliação de desempenho está sendo inserida em um contexto de desenvolvimento e ampliação do domínio de competências, contrária ao que tradicionalmente era feito, de forma autoritária e parcial e que incorria em injustiças.

Empresas mais evoluídas e de maior porte mantêm um centro de avaliação – Assessment Center, centro este que avalia pessoal sob diversos aspectos e com diversas finalidades, adotando variadas metodologias, o que constitui também em tendência para instituições especializadas, prestando serviço de forma terceirizada.

Como exemplos de modelos modernos de avaliação e que podem compor um Assessment Center, temos a Avaliação 360° e a Avaliação de Potencial. Avaliação ou feedback 360° é uma prática de permuta de informações avaliativas, baseada em critérios predeterminados e em múltiplas fontes, não se restringindo apenas a avaliação de desempenho, mas de treinamento, de competência, para avaliar desenvolvimento organizacional, levantar necessidades e avaliar autogestão. Pode ser verificada em rede, podendo o avaliado corrigir ou reajustar sua performance, para atender às expectativas da organização.

Contudo, requer um amadurecimento muito grande da empresa. Reverte-se em maximização de motivação, geração de clima estimulante de trabalho e aumento de produtividade. O processo da avaliação é o fechamento do ciclo de crescimento profissional que permite comparar o desempenho real com o desempenho desejado.

A Avaliação de Potencial foi implantada para complementar e aperfeiçoar os planos e ferramentas mais modernos de gestão, como a administração de talentos e a remuneração por competências. Pode ser aplicada de formas variadas, dependendo da modalidade que a empresa vai adotar. Ela pode servir para organizar bancos de dados de potencial, como referência para administração de carreiras baseada em competências ou para processos de seleção.

Levantar o potencial de uma pessoa é verificar a existência dos requisitos exigidos pelo cargo, ou o aperfeiçoamento dos mesmos. A avaliação é feita através de instrumentos como testes práticos, psicológicos, de habilidades, análise grafológica, dinâmicas de grupo, entrevistas, inventários gerenciais e outros, a depender da empresa.

Fato claro é que as avaliações tradicionais não mais cabem no contexto atual, onde o empregado tem uma maior participação e as formas de gestão buscam a aproximação com o fator humano.

Com a introdução do "modelo de competência" o RH passou a recrutar mais rigorosamente. Foi assim que se começou a difundir práticas de recrutamento que visavam a criação de uma peneira que precedesse a admissão efetiva e permitisse aprofundar e refinar, por meio de comparação com situações profissionais reais, a competência efetiva do indivíduo em relação ao que a empresa esperava, reconhecendo as diferenças entre as pessoas e optando-se por aquelas que melhor possam se ajustar às tarefas que lhe serão atribuídas.

O que se pode perceber é que o recrutamento, na sua forma tradicional, obedecia a um conjunto de rotinas e procedimentos executados de maneira seqüencial, tendo o foco no cargo. Hoje, em sua abordagem mais moderna, passa a ter um enfoque estratégico, onde as pessoas têm que atender às necessidades da empresa.

Se no mundo globalizado o fator primordial é competência, devemos estar atentos às competências do próprio RH. Cabe a ele, então, desenvolver modelos consistentes e customizados de gestão por competência, em quaisquer de suas aplicações: treinamento, remuneração, administração de talentos e gestão estratégica, tornando-se responsável pelo fator humano necessário ao funcionamento dos diversos setores nas empresas, uma vez que a qualidade do trabalho dependerá da qualidade do elemento humano.

O RH deverá desenvolver, ainda, competências para mudar de paradigmas, superar resistências, desenvolver culturas, comunicar, envolver, fazer parcerias, acompanhar e avaliar resultados. E, por fim, estar atento às armadilhas gerenciais de gestão que podem levar o RH a ser criticado em seu desenvolvimento.

Como competências do profissional de RH, deverão ser destacadas: a orientação para os resultados, a do papel de promotor de mudança, a orientação para o cliente, a liderança, o trabalho em equipe, a gerência em ambiente de ambigüidade e dicotomia, a flexibilidade, a capacidade de atuar como disseminador da missão e valores da empresa. Esses atributos são importantes para os profissionais de RH e a eles cabe disseminá-los a todas as pessoas que participam da gestão corporativa.

Um exemplo que vale ser dado é a busca contínua que o profissional de RH tem que exercer em seu autodesenvolvimento, para trazer um planejamento das atuações que devem ser aplicadas na empresa.

Atualmente, para exercer o papel do profissional de RH torna-se necessário aprender e identificar as exigências impostas pelo mercado, conhecer o foco de atuação do negócio da empresa, integrar as ações e partir para uma visão coerente.

Os profissionais de RH devem focar mais nos resultados tangíveis de seus trabalhos, articular seus papéis em relação ao valor que agregam, criar mecanismos que produzam resultados para o negócio, avaliar sua eficácia a partir da competitividade empresarial e conduzir transformações culturais com o objetivo de mudar a empresa, criando condições para que gerentes e supervisores assumam seus papéis de gestores de pessoas.

Quando os profissionais de RH adotam os princípios que pregam, ganham credibilidade em suas empresas e aumentam a probabilidade de obterem sucesso como parceiros empresariais.

É no processo de seleção que a escolha do profissional adequado para o cargo vem a ser o fator primordial. Com base na comparação entre as competências do cargo e o perfil de competências dos candidatos, é que se inicia a primeira fase do processo de seleção por competência: as competências essenciais devem ser previamente definidas pela empresa. Abrangem competências intrínsecas (estrutura de personalidade), competências de gestão (capacidade de gerenciar o papel profissional) e competências técnicas (conhecimentos técnicos relacionados ao negócio).

Cada empresa, no entanto, determina quais os processos e procedimentos de seleção mais adequados para obtenção de melhores resultados, podendo existir outros modelos provenientes da própria empresa, ou advindos de outros autores, devendo no entanto ser processos descentralizados e participativos.

Assim como a Gestão por Competências elabora um mapeamento de competências que faz parte da estratégia de competitividade e diferenciação no mercado de trabalho, para a seleção por competências precisa-se criar um modelo de competências, não só técnicas mas comportamentais para cada cargo, que devem ser disseminadas envolvendo todos, conscientizando os seus benefícios para a empresa e para seu próprio perfil profissional.

A seleção por competência analisada segundo Rabaglio deve ser aplicada levando-se em conta alguns dados, como o número de candidatos, urgência ou não do tempo, perfil do cargo, disponibilidade financeira, estrutura da empresa selecionadora e capacidade técnica do avaliador.

O selecionador deve estabelecer parâmetros que permitam medir o nível de domínio nas competências exigidas para cada perfil, por meio da descrição de ações, comportamentos e atitudes relativas a cada competência, posicionando as pessoas em áreas específicas de nível, o que, segundo Rabaglio, é montado com base em informações colhidas não só da análise de comportamentos do funcionário que melhor desempenha sua tarefa, em cada área, como do conjunto de funcionários e representantes das áreas que têm desempenho eficaz, assim como também deve-se buscar informações externas, nas atividades de outras empresas. O processo deve ser feito através de entrevistas individuais, observações da atividade e análise dos dados.

Essas informações passam a ser os indicadores de competência que tornam o método diferencial, fundamentado em critérios, o que é chamado de PC (Perfil de Competências) – mapeamento das competências que fazem parte da estratégia de competitividade e diferenciação no mercado de trabalho, podendo ser acrescentadas ou retiradas, a cada novo cargo. Os indicadores relacionados às competências necessárias favorecem a definição de ferramentas a serem utilizadas para se observar a presença ou ausência das competências.

Vale ressaltar que numa seleção terceirizada o selecionador deverá conhecer ao máximo a empresa e o perfil das lideranças que absorverão o novo colaborador. Além do PC, uma boa seleção deve estar baseada no perfil da vaga (salário, responsabilidades) e no perfil pessoal e profissional (idade, experiência), para que o candidato conheça as condições da vaga. A autora sugere ser feito por meio de formulários, como o QUIC – Questionário para Informação do Cargo. Desta forma, a seleção por competências se torna um método baseado em fatos concretos e o comportamento passível de ser mensurado.

Para tanto, podem ser utilizadas duas ferramentas, independentes ou complementares, que são a Entrevista Comportamental com Foco em Competências e a Dinâmica de Grupo baseada em Competências. Assim, o candidato é avaliado pelo que ele concretamente fez e faz.

A entrevista comportamental é estrategicamente elaborada para investigar o comportamento passado da pessoa numa situação similar de competência. Seus diferenciais estão no planejamento e na estruturação do PC, sendo personalizado e feito com perguntas abertas que contenham respostas com Contexto, Ação e Resultado (CAR).

Segundo Rabaglio, a premissa de que o comportamento passado prediz o comportamento futuro é provada através de exemplos de situações vividas que asseguram que a pessoa possui tal competência investigada e a demonstrará em outras situações.

Ao investigar o comportamento do candidato, o selecionador procura um contexto compreensível, verifica a ação tomada pelo candidato e quais os resultados obtidos com a ação.

A entrevista deve contemplar esses três pontos (CAR), senão as respostas serão vazias. Deixar claro que o candidato é o autor da ação. As perguntas devem ser preparadas previamente de acordo com o que foi observado e relacionado (os indicadores), e serem específicas para cada atributo ou competência, devendo o selecionador investigar experiências relevantes além de favorecer um clima de descontração e bem-estar.

Com a entrevista finalizada, a análise deve ser feita levando em consideração a adequação da postura do candidato à empresa, se as competências observadas estão de acordo ou são passíveis de treinamento, dando contribuições efetivas para a empresa. O selecionador deve escolher a melhor maneira de pontuar atributos e competências.

Vale ressaltar que o comportamento humano abrange toda a compreensão e o estudo do potencial humano e que as empresas vêm buscando isto como uma forma de melhoria na qualidade de vida e satisfação no trabalho, procurando entender muito mais o ser normal, em sua maneira natural de existir e se comportar, não fazendo observações superficiais. É preciso compreender que a intenção primeira de cada pessoa é a de ser produtiva. Se isso não ocorre é porque essa pessoa deve estar acumulando dentro de si alguma inadequação.

Sendo assim, muito se tem analisado sobre a compreensão de como as pessoas vivem e resolvem seus problemas dentro do seu contexto de trabalho, já que se caracteriza como fator preponderante na facilitação ou no comprometimento da chegada aos objetivos organizacionais.

Assim como a entrevista, a Dinâmica de Grupo é uma técnica para observar a presença ou ausência das competências, sendo uma técnica vivencial, realizada em grupos de 6 a 12 candidatos, utilizando exercícios diversos, como jogos, simulações, estudos de casos e quanto mais recursos melhor para se ver o potencial, pois favorece a descontração e a espontaneidade.

Permite uma investigação por meio do comportamento presente e não da personalidade, uma vez que se está diante da atuação do candidato. Seu grande diferencial está nas atividades propostas, onde o facilitador auxilia os candidatos a apresentar exemplos comportamentais. Deve ter sempre a ajuda de um observador, pessoa estratégica para decisão do preenchimento da vaga.

A definição das vivências, que pode ser feita através de uma matriz de jogos para cada competência, é que vai determinar a qualidade do resultado da avaliação. Precisa oferecer aos avaliados a oportunidade de demonstrar os conhecimentos, as habilidades e as atitudes que compõem o perfil de competências definido pela empresa. Essas atividades devem permitir a mensuração das competências em pontos de excelência e insuficiência, assim como atividades para integrar o grupo, facilitando o clima para a observação.

Como foi dito anteriormente, algumas competências são mais bem mensuradas numa entrevista, outras em atividades de grupo, embora a dinâmica seja um processo altamente eficaz na quebra de resistências, levando as pessoas à espontaneidade.

Rabaglio (2002) diz que quando definimos as competências para um determinado cargo, estamos descrevendo todas as características técnicas e comportamentais que o profissional precisa ter para realizar suas atribuições com sucesso. As competências técnicas abrangem o conhecimento e as habilidades em técnicas ou funções específicas e as competências comportamentais são atitudes e comportamentos condizentes com as atribuições do cargo, como, por exemplo, iniciativa, criatividade, habilidade de relacionamento, comunicação verbal, liderança, negociação, empreendedorismo, espírito de equipe, bom humor, entusiasmo, espírito de servir, humildade, extroversão, persuasão, atenção a detalhes, participação, cooperação, facilidade para trabalhar com metas, foco em resultado, flexibilidade, empatia, agilidade, etc. Tanto a entrevista quanto a dinâmica têm que estar estrategicamente orientadas para captar a presença ou não dessas competências.

A seleção por competência pode ser feita quando já se tem um modelo de gestão por competências. No caso, a metodologia deverá ser adaptada ao modelo escolhido pela empresa ou ser usado o processo adotado por Rabaglio, quando a empresa não tem implantado o modelo de gestão, pois é uma preparação e sensibilização para a compreensão do modelo de gestão por competências e os benefícios gerados por ele.

Por tudo isso, podemos dizer que em relação aos métodos tradicionais de seleção, a seleção baseada em competências tem conquistado vantagens como processo mais focado e objetivo; maior consistência na identificação dos comportamentos relevantes para a vaga; maior facilidade na previsão do comportamento futuro; garantia de melhor contratação; boa adequação do funcionário à empresa; diminuição da influência de opiniões, sentimentos ou preconceitos dos selecionadores; o candidato tende a não mentir porque deve citar um fato que realmente aconteceu, tendo o fornecimento de dados concretos sobre o desempenho do candidato.

Conclusão da Pesquisa Realizada nas Empresas Braskem, Cetrel, Bosch, MRG Consultoria e Hotel Pestana Bahia

Com base nos estudos feitos na busca de novos modelos para o Recrutamento e Seleção, um dos processos da Administração de Recursos Humanos, foi possível conhecer o Modelo de Seleção por Competências. Após analisar todo o modelo através de bibliografias do tema e pesquisa prática em empresas que já adotam o modelo, concluímos que esta nova metodologia estabelece uma relação de parceria entre selecionador e requisitante, para que as percepções do perfil da vaga sejam estabelecidas em consenso.

> *O gerente está mais consciente do processo seletivo, otimizando o tempo gasto com o processo e, conseqüentemente, gerando demissões responsáveis.*
>
> Lílian Quevedo – Hotel Pestana

Pode-se dizer que substitui a descrição detalhada de cargos e funções (apesar de precisar da mesma para se chegar ao PC – perfil de competências), objetivando definir habilidades críticas e essenciais à melhor performance do negócio. O conjunto de competências passa a ser do profissional e não mais do posto que irá ocupar.

Trabalhar com base em competências é um sistema de troca onde a empresa enriquece e prepara as pessoas, e estas, por sua vez, transferem para a organização seu aprendizado. Por isso, a estratégia hoje é se concentrar nas capacidades específicas, na posição das pessoas em relação a elas e como tais capacidades irão se relacionar com os planos da empresa.

> De 1996 até o momento nosso modelo já incluiu diversas melhorias sugeridas pela equipe interna. Por ser o projeto carro-chefe da MRG, o próprio grupo interno fomentou a cultura de competências, tornando o projeto nosso alvo de investimento.
>
> Maria Rita Gramigna – MRG Consultoria e Treinamento Empresarial

Selecionar por competências é maximizar o potencial humano nas empresas, para otimizar os resultados organizacionais. O selecionador, então, passa a estabelecer parâmetros que permitam medir o nível de domínio nas competências do perfil. Os comportamentos a serem investigados deverão estar no PC e serem observados nos jogos, o que dará consistência, objetividade e foco para o processo seletivo, sendo verificadas também as habilidades necessárias e as atitudes favoráveis.

A diferença então entre a seleção por competências e a tradicional seleção está na mensuração destas capacidades do candidato, utilizando-se deste novo método, que é mais objetivo, onde o comportamento passado pode prever o comportamento futuro.

Verificamos que algumas empresas adotam o método apenas para cargos de hierarquia mais alta, contudo, o que pudemos analisar, é que a competência comportamental está presente em todo ser humano e é fator diferencial num contexto competitivo, favorecendo o dia-a-dia organizacional, no qual não só as competências comportamentais devem ser geridas pela organização, mas também as competências técnicas, que não devem ser deixadas de lado, devendo haver um equilíbrio que as adeqüe à realidade da empresa e a cada cultura organizacional.

> Começamos na área operacional, depois administrativa e liderança. O modelo ficou mais justo, havendo reconhecimento do funcionário.
>
> Rita Mesquita – Cetrel

O que sabemos é que a maioria das pessoas consegue fazer muito mais do que lhes é pedido e, quando adequadamente motivadas, estão dispostas a dar ainda mais. Portanto, uma boa entrevista com base em competências, produz resultados confiáveis, devendo ser desenvolvida por especialistas preparados para identificar evidências de presença e ausência de indicadores de competências.

Levando-se em consideração a análise das pesquisas feitas nas empresas, percebemos que a Gestão por Competências fornece ferramentas para as estratégias de RH, remuneração e treinamento, e que a seleção fica por último; quando feita, é conseqüência de todo o processo. Mas que em outras, a seleção por competências é uma preparação e sensibilização para a compreensão do modelo de Gestão por Competências, que na realidade gera grandes benefícios.

> *As pessoas sabem onde estão e para onde vão, e se podem crescer. O nível de profissionalismo aumentou, existe a visão do todo.*
>
> Marcelo Bispo – Braskem

Disso concluímos que em uma indústria as competências técnicas são mais apuradas na gestão, por ser este tipo de empresa composto de sistemas de atividades técnicas de modos operacionais, de habilidades adquiridas de aprendizados técnicos. Em uma empresa prestadora de serviços, as competências comportamentais são mais apuradas. As relações interpessoais são maiores do que em uma indústria devido ao maior contato com clientes.

Portanto, à análise do perfil de competências (PC) deve-se atribuir pesos, adequando-o ao perfil da empresa, sua cultura organizacional e sua atividade. E que as competências técnicas e comportamentais são imprescindíveis, sendo estas últimas aquelas comuns a qualquer indivíduo na empresa, as que são atribuídas a cada cargo específico e as que são particulares de cada indivíduo.

Em resumo, o modelo de competências deve ser adequado a cada empresa, respeitando-se cada identidade organizacional. E que o novo modelo ainda busca melhorias, pois lidar com o lado comportamental do ser humano é lidar com o subjetivo.

Contudo, pode-se perceber claramente que a seleção por competências dá maior foco e objetividade ao processo, mais consistência na identificação de comportamentos específicos, boa probabilidade de adequação do profissional à empresa e à atividade a ser desempenhada, turnover mais baixo, facilidade de feedback, aumento de produtividade, integração necessária de RH, além de priorizar despesas nas verbas de recrutamento, pois encontra as pessoas com capacidades mais adequadas.

> *O novo modelo de gestão por competência, além de facilitar e identificar profissionais mais adequados para a organização, é fundamental para a retenção e desenvolvimento de talentos.*
> Ana Cristina Prado – Robert Bosh

Dessa forma, o recrutamento e a seleção passam a ser feitos pelas áreas de interesse das vagas, dando espaço para que o RH foque seus esforços na visão macro do negócio com base na estratégia da organização.

Referências Bibliográficas

BASTOS, Jusiane Oliveira et al. *Seleção de Pessoal sob a Ótica das Competências e Habilidades*. Monografia do curso de Pós-Graduação em Psicologia Organizacional da UNIFACS. Salvador, 2002.

CHIAVENATO, Idalberto. *Gestão de Pessoas – O Novo Papel dos Recursos Humanos nas Organizações*. Rio de Janeiro: Ed. Campus, 1999.

FALCETTA, Maria Victória. *Estratégias de Recrutamento e Seleção de Profissionais: Limites de Possibilidades*. Monografia do Curso de Especialização em Pedagogia Organizacional e Desenvolvimento de Recursos Humanos do Centro de Estudos de Pós-Graduação Olga Mettig. Salvador, 2002.

FLEURY, Afonso e FLEURY, Maria Tereza Leme. *Estratégias Empresariais e Formação de Competências*.

GRAMIGNA, Maria Rita. *Modelo de Competências e Gestão dos Talentos*. São Paulo: Ed. Makron Books, 2002.

HIPÓLITO, José Antonio Monteiro. *Administração Salarial – A Remuneração por Competências como Diferencial Competitivo*. São Paulo: Editora Atlas, 2001

MASCARENHAS, Flávia Uchôa. *Os Profissionais de Recursos Humanos no Setor de Transporte Urbano Brasileiro – Novos Papéis e Competências*. Monografia do curso de MBA – Administração de Recursos Humanos da Fundação Getúlio Vargas. Brasília, 2002.

RABAGLIO, Maria Odete. *Seleção por Competências*. São Paulo: Ed. Educator, 2001.

RESENDE, Enio e TAKESHIMA, Maria Luiza. *RH em Tempo Real – Conceitos e Ferramentas Modernas para Gestão de Recursos Humanos*. Rio de Janeiro: Qualitymark, 2000.

SILVA, Marilene Luzia da, NUNES, Gilvan da Silva. *Recrutamento e Seleção de Pessoal*. São Paulo: Editora Érica 2002 (Série formação profissional).

ZARIFIAN, Philippe. *Objetivo Competência: Por Uma Nova Lógica*; tradução. Maria Helena C.V. Trylinski. São Paulo: Atlas, 2001.

Grupo IV

Treinamento e Desenvolvimento

Componentes

Ano: 2002

- Alberto Antônio Bocco
- Aldenora Alves de Sá
- Andréia da Conceição Santos
- Antônio Carlos Santos Costa
- Carmen Lúcia Siqueira Pinheiro
- Carmen Luciane Lavigne Freire
- Cláudia da Cunha Miguêz
- Cláudia Manuela da Rocha Nascimento
- **Hilton Heliodoro Gunça dos Santos** (Vice-Coordenador)
- Jaciara Souza do Nascimento
- Liane Santos Pereira Pinto
- Luciana Figueiredo Barreto
- Luciana Rodrigues Brasil
- Luciane Cardoso de Melo
- Maira Oliveira Dias Gomes
- Maria Auxiliadora Silva
- Maria Cecília dos Santos
- **Maria Célia Cruz Urpia** (Coordenadora)
- Maria do Rosário Lima
- Maria Fernanda Torres Lins
- Maria Licia de Almeida Teixeira
- Maria Madalena Lemos Rechtman
- Maria Venerável B. Sena
- Rosangela Silva Freitas
- Rosemárcia Prado Libório
- Shizuko Tanaka
- Sônia Regina Cotrim da Silva Mello
- Sylvia Maria Moreira Garcia
- **Valdélia Pedrosa Ribeiro** (Patrona)
- Vera Lúcia dos Santos

Ano: 2003

- Andréia da Conceição Santos
- Ana Marta Moreira Santos
- **Antônio Carlos Santos Costa** (Coordenador)
- Aldenora Alves de Sá
- Aparecida Sapucaia
- Carmen Lúcia Siqueira Pinheiro
- Cláudia de Matos Santos
- Cláudia Maria Pascoal Vitor Alves
- **Hilton Heliodoro Gunça Santos** (Coordenador)
- Jaciara Souza do Nascimento
- Jilça Oliveira de Brito
- Jussara Góes de Oliveira
- Lúcia Borges Malvar Peixoto
- Luciane Janine B. de Oliveira
- **Maria Célia Cruz Urpia** (Coordenadora)
- Maria Aparecida S. Câmera
- Maria Elisa Lustosa Pinheiro
- Maria Madalena Lemos Rechtman
- Maria Victória Falcetta
- Rosângela Silva Freitas
- Patrícia Maria dos Santos Jorge

Grupo Treinamento e Desenvolvimento – Nossa História

Visando o acompanhamento e a compreensão dos fatos e fenômenos do novo milênio e ainda o papel do ser humano neste contexto, é que a ABRH-BA lançou o projeto de criação dos "Grupos de Estudo" objetivando focalizar alguns dos princípios através de sua missão:

- Compartilhamento de experiências.
- Educação permanente.
- Ética nos relacionamentos.
- Parceria para a excelência.

Assim, nasceu o T&D – Treinamento e Desenvolvimento de Pessoas, que tem como patrona Valdélia Pedrosa Ribeiro e como coordenadora Maria Célia Cruz Urpia, convidadas pela diretora técnica da ABRH-BA Catarina Coelho Marques, responsável pela elaboração e pelo desenvolvimento dos Grupos de Estudo.

No ano de 2002 foram realizados dez encontros, sendo que se inscreveram inicialmente para participar do T&D quarenta pessoas. O seu funcionamento teve, contudo, uma freqüência média de vinte e cinco participantes.

Na primeira reunião, além da dinâmica de apresentação, definiram-se periodicidade das reuniões, cronograma anual com datas, sugestão de temas, metodologia e escolha para vice-coordenador Hilton Heliodoro Gunça dos Santos, e para secretárias, Aldenora Alves de Sá e Madalena Lemos Rechtman, além de ter sido firmado o contrato grupal.

Nesta reunião os componentes trabalharam em subgrupos e a síntese apresentada em plenária versou sobre:

- O que espero:
    - Calor humano.
    - Muitas amizades.
    - Mais aprendizado.
    - Conhecimento na área de RH.
    - Informações.
    - Necessidade de troca.
    - Busca de novas ferramentas.
- O que trago:
    - Vontade de aprender e trocar.
    - Contribuição com as próprias experiências.
    - Disposição/curiosidade.
    - Necessidade de transformação.

Ainda neste encontro definiram-se os temas de interesse a serem desenvolvidos pelo grupo:

Encontros Realizados – 1º Semestre

Data	Tema
18/03	Encontro de abertura dos trabalhos do grupo
08/04	T&D na Gestão de Seres Humanos: Realidade Atual e Tendências Futuras Maria Sampaio de Almeida – CETREL
13/05	Visão Integral do Ser Humano Aldenora Alves de Sá
10/06	Projeto de Vida – Rocha Consultoria & Treinamento
08/07	Desenvolvimento de Facilitadores nas Organizações Denise Lemos – Núcleo de Psicologia Social da Bahia

Objetivos definidos em reunião:

- Propiciar a integração entre os participantes.
- Fomentar novos saberes, mais abertura para aprender a aprender.
- Criar uma rede de comunicação entre os participantes.

- Incentivar o profissional de T&D a ser melhor no que faz, repensando sua visão de mundo.
- Assumir o papel de patrocinador do desenvolvimento.
- Produzir material técnico-científico sob a forma de coletânea de textos.

Foi introduzida como música-tema do grupo "Epitáfio", música de Sérgio Brito cantada pelos Titãs, que traz o simbolismo de construção e contínua renovação.

Em maio de 2002 a Laser Shorts realizou o lançamento da Laser Training, tecnologia trazida dos Estados Unidos que utiliza o jogo Laser Shots como ferramenta para treinamento e desenvolvimento de pessoal. Todos os grupos foram convidados a conhecer a nova tecnologia e estiveram unidos em busca dos seus objetivos na batalha intergaláctica com coletes e pistolas a laser. Os guerreiros na arena de treinamento venceram superdesafios.

Por ocasião do primeiro Grande Encontro dos Grupos de Estudo, em agosto de 2002, a coordenadora do grupo fez uma analogia entre o construir e o plantar. A patrona contextualizou falando sobre o perfil do grupo e apresentou seus componentes. Sônia Cotrim, membro do grupo, fez a apresentação do resumo dos encontros realizados no semestre. Após a exposição, os membros cantaram a música-tema do grupo, finalizando em círculo de mãos dadas – momento muito emocionante, validando a primeira etapa com muita energia!

Grupo Treinamento e Desenvolvimento – I Encontro dos Grupos de Estudo – 1/8/2002

A partir do mês de agosto/2002, o grupo optou por não trazer técnicos convidados para realizar palestras. Ficou definido que o próprio grupo, membros, patrona, coordenadora e vice, traria suas experiências, pesquisas e realidades empresariais. Assim ocorreu com discussão dos temas conforme tabela abaixo:

Encontros Realizados – 2º Semestre

Data	Tema
12/08	Visão Sistêmica da Área de T&D
09/09	Técnica de T&D, "Inclusão CONARH"
14/10	Técnica de T&D, Ponte entre Operacional e Estratégico
11/11	Formação de Multiplicadores
02/12	Educação Executiva

No final do exercício de 2002, o grupo participou da elaboração de um texto coletivo para a encenação da peça "Você Faz a Diferença...", abordando assuntos que constaram na pauta de todos os Grupos de Estudo neste exercício. A experiência trouxe alguns ganhos como:

- Experimentação do lúdico.
- Nível de flexibilidade.
- Integração grupal.
- Consciência corporal.
- Construção do Nós.
- Jogos dramáticos.
- Exercícios de escuta.
- Liberando as máscaras e identificando-se na contracena.

Quanto à temática "Educação Executiva" no final do ano 2002, uma das contribuições que nos remete a uma reflexão, menciona que "a educação é, sem dúvida, o destaque para os próximos anos. A velocidade dos negócios é cada vez tão mais desafiadora que apenas os indivíduos permanentemente preparados estarão no jogo, e educação não se impõe".

Os membros do grupo que atentaram para esta chamada permaneceram, persistiram. Outros se afastaram, provavelmente em busca de novas alternativas, uma vez que os seres humanos vivem desafiadores momentos de mudança e para acompanhar esses cenários e tendências é necessário ser eterno aprendiz, com uma postura de busca pessoal e profissional continuada em uma forte atuação de cidadania, sem esquecer que a base do processo de transformação é que nos leva ao triunfo.

A equipe de coordenação em 2003 contou com três membros: Maria Célia Urpia, Hilton Heliodoro Gunça dos Santos e Antônio Carlos Santos Costa. Ao invés de coordenadora e vice-coordenador, instituiu-se uma equipe de coordenação absorvendo mais um membro do grupo, no sentido de poderem se alternar coordenando e co-coordenando, na medida das necessidades e possibilidades.

A freqüência média dos participantes do ano 2003 foi de onze membros e os encontros passaram a ser quinzenais com compromisso de trabalharem também de forma virtual.

Considerando que "não podemos voltar atrás e fazer novo começo, mas sempre é possível recomeçar e fazer um novo fim", o grupo levantou temas de interesse dos participantes, para estudo e pesquisa pelos seus componentes, com vistas a construir o produto grupal para publicação e lançamento no CONARH/2004.

Foram doze os temas sugeridos pelo grupo:

1. Indicadores de T&D.
2. T&D como Consultor Interno.
3. Profissional de RH (logística).
4. Resgate da Dimensão Humana nas Organizações.
5. Alternativa de Auto-Aprimoramento do Profissional de RH.
6. Desenvolvimento Gerencial.
7. Treinamento a Distância.
8. Gestão de Pessoas.
9. Gestão do Conhecimento.
10. Desenvolvimento, Habilidades e Competências.
11. T&D nas Pequenas Empresas.
12. T&D × Qualidade.

Dentre todos estes temas, quatro foram os escolhidos para serem trabalhados: Resgate da Dimensão Humana nas Organizações, Indicadores de T&D, T&D nas Pequenas Empresas e Treinamento a Distância. Logo de início surgiram dificuldades em compor as equipes de trabalho, pois as pessoas só queriam permanecer nos temas sobre os quais já tinham um conhecimento prévio e, portanto, uma maior afinidade, recusando o novo e o desconhecido.

Assim, o tema Treinamento a Distância foi imediatamente eliminado por falta de integrantes interessados em estudá-lo. Vencida esta etapa, com os três grupos restantes formados, acordou-se que cada reunião no grupão serviria para que os trabalhos desenvolvidos pelos subgrupos em reuniões extras pudessem ser compartilhados e discutidos, tornando-se, assim, resultados também de uma construção de todos.

Infelizmente isto não aconteceu. Com pouco tempo, o subgrupo de T&D nas Pequenas Empresas também se extinguiu, em função da evasão de seus componentes. Percebeu-se, já neste momento, que os participantes não estavam conseguindo sustentar sua oratória e que o grupo estava na fase inicial de um processo de fissura.

Na prática, os objetivos não eram comuns a todos e que os tão almejados vínculos afetivos e o comprometimento não estavam se estabelecendo como o planejado. Nesse momento, o grupo não parou para resolver os problemas internos, cada vez mais latentes. Pagou-se caro por esta desatenção para com os fenômenos humanos ali apresentados sob a forma de atitudes e comportamentos. E como não podia deixar de ser, em função da não atuação diante dos conflitos apresentados, apesar de já ser um grupo bem mais reduzido, as dificuldades persistiram gastando-se muito tempo e energia na tentativa, sem sucesso, de unir os dois trabalhos restantes, os quais caminhavam em sentidos distintos, seguindo diferentes linhas de pensamento. Foram, pois, a partir daí, instituídos os dois subgrupos:

- Resgate da Dimensão Humana nas Organizações

    Carmem Lucia Siqueira Pinheiro

    Claudia de Matos Santos

    Lúcia Borges Malvar Peixoto

    Rosangela Silva Freitas

- Indicadores de T&D
  Ana Marta Moreira Santos
  Antonio Carlos Santos Costa
  Jilça Oliveira de Brito
  Patrícia Maria dos Santos Jorge

A partir daí, cada grupo foi em busca de especialistas, gestores de Recursos Humanos e acadêmicos, na tentativa de traçar um panorama de como o treinamento está sendo visto e praticado atualmente.

A Nova Era enfatiza competências e busca incessantemente resultados. Mas é preciso avaliar quais os fatores que garantem a eficácia de um treinamento e quais as dificuldades detectadas nesta área.

Nos caminhos e descaminhos do processo grupal, o subgrupo que estudou a temática do Resgate da Dimensão Humana nas Organizações fez uma leitura do seu próprio processo grupal enquanto autoras que escreveram a história e como participantes da mesma história.

Refletindo sobre o trecho da música "Encontros e Despedidas", de Milton Nascimento e Fernando Brant, ".... todos os dias é um vaivém, a vida se repete na estação, tem gente que chega pra ficar, tem gente que vai pra nunca mais ...", este subgrupo foi em busca de compartilhar conhecimentos, experiências, emoções e vivências entre indivíduos atuantes e/ou interessados na área de Treinamento e Desenvolvimento. Inicialmente, os encontros foram mensais, mas, rapidamente, perceberam que deixavam um longo espaço para o reencontro, o que, por sua vez, dificultava, dentre outras coisas, a criação de vínculos entre os integrantes.

Diante desta constatação, os encontros passaram a ser quinzenais. No início, realizou-se um trabalho de construção das bases do próprio grupo, através da elaboração conjunta de sua missão, objetivos e valores, tarefa que demandou um certo tempo em função de sua importância e da sua heterogeneidade.

Interessante que esta mesma heterogeneidade foi um fator positivo, visto que também contribuiu para a riqueza das discussões a respeito dos temas propostos. E, neste momento, atentou-se para a importância da elaboração do contrato grupal, sentindo a necessidade de criar regras e compromissos entre os participantes.

Os dois subgrupos estavam tentando se organizar internamente e isto fez com que fossem se distanciando gradativa e continuamente, tornando-se distintos, sem maiores vínculos entre si.

Concomitantemente a todo este processo de desintegração grupal, os subgrupos criavam um forte vínculo afetivo entre os seus participantes.

A partir da intenção de realizar um artigo, o subgrupo de Resgate da Dimensão Humana nas Organizações passou a realizar verdadeiro estudo sobre Satisfação e Produtividade nas organizações, sob o prisma da Terapia Organizacional. Os integrantes, contudo, optaram por não entregar o trabalho para publicação por se encontrar em fase de conclusão e ainda necessitar de alguns ajustes, para ser considerado um trabalho científico.

É indispensável QUERER, pois a vontade tem uma força inesgotável de possibilidades e para atingi-las basta apenas utilizar a fórmula: Trabalho + Companheirismo + Prazer = Pessoas Produtivas, resultando numa boa autoimagem de si e do grupo e num trabalho que dignifica. O fato é que todos têm potenciais ilimitados e ainda não utilizados, esperando apenas uma oportunidade para virem à tona. E com o apoio e fortalecimento do grupo isso, com toda certeza, irá aflorar cada vez mais rapidamente.

Nesse sentido, só podemos agradecer à ABRH-BA a oportunidade pela promoção do nosso encontro, para nós algo tão especial, extrapolando os limites do trabalho e do cunho profissional, dando lugar ao prazer de estarmos juntos e podermos compartilhar sentimentos e emoções.

Reflexões sobre as Possíveis Causas de Insucessos em Treinamento e Desenvolvimento

Introdução

> *"Problemas são apenas oportunidades*
> *em roupa de trabalho."*
> Henry J. Kaiser

O Grupo de Estudo da ABRH-BA que focalizou seus trabalhos em indicadores de T&D – Treinamento e Desenvolvimento, escolheu como tema final "Reflexões sobre as possíveis causas de insucessos em T&D", enxergando que o primeiro caminho seria situar-se na estrutura (corpo da organização) para corresponder às necessidades atuais da nova gestão. Para tanto, foi feita a seguinte analogia: A organização é formada por pessoas, é a soma das pessoas que nela trabalham. Conseqüentemente os seus valores/crenças/cultura, são o somatório do que trazem, não só os líderes/administradores como todo o seu corpo funcional, contribuindo de alguma forma para a construção da personalidade e do caráter desta organização. É como se fosse um "Super-Homem", não no sentido de Super-Herói, mas como soma das forças do capital intelectual.

Para um melhor entendimento, foi realizada uma comparação do corpo humano com a organização. A partir desta imagem ficou mais fácil situar T&D e compreender o porquê das causas de insucesso nos treinamentos e desenvolvimento de uma organização. Dispensa-se aqui toda a complexidade do ser humano, baseando-se apenas, numa analogia simples: como no corpo humano, um problema que ocorra em qualquer parte do mesmo irá influenciar no todo, assim também será na organização. Se um indivíduo tem uma dor forte de cabeça, uma gripe, isso afetará o corpo como um todo, provocando fraqueza nas pernas, dor nas costas, assim como uma inflamação numa unha do pé poderá gerar uma febre, afetando todo o corpo e dificultando o raciocínio, a criatividade e a disposição para o trabalho.

Assim como o corpo humano precisa de cuidados constantes com a saúde, a organização necessita de ser cuidada em todos os seus níveis. A falta de prioridade em relação à área de T&D trará conseqüências na organização como um todo, afetando o desempenho, comprometendo o seu resultado. O T&D deve buscar o desenvolvimento integral do homem e seus métodos devem seguir o ciclo energético natural, visto que não existe uma situação estática do corpo humano, da vida e das organizações. É necessário preparar-se para projetar a evolução dos seus colaboradores continuamente.

Seguindo a visão de constante movimento, o Grupo de Estudo de T&D da ABRH-BA continuará refletindo e estudando para identificar e propor, no futuro, sugestões de soluções que eliminem ou amenizem os fatores de insucessos nos treinamentos.

Parte 1
Mente e Corpo Organizacional

"É a mente que enriquece o corpo."
William Shakespeare

Assim como o corpo, a organização é composta de cabeça, tronco e membros interligados e interdependentes. A cabeça, que corresponde à alta administração, tem o poder de decisão e dá a direção/rumo, pensando, planejando, decidindo e visualizando o futuro de forma compartilhada e interativa com o corpo gerencial e funcional. É o espírito da organização, desencadeando energia para otimizar potenciais e talentos existentes na busca de resultados positivos.

Localizado no pescoço está o RH/Gestão de Pessoas Estratégica/T&D – porque necessário se faz que a área de gestão de pessoas/T&D esteja em contato direto com a alta administração, entenda e dissemine os valores, a cultura, as políticas, as estratégias. E agindo de acordo, busque atingir metas da organização. Esses servirão de bússola que norteará as ações desta área, visando sucesso nos resultados dos treinamentos e da organização.

O tronco, que corresponde às gerências e às lideranças de modo geral, comunica-se com a cabeça, com o pescoço e com os membros, dando a direção aos colaboradores (que corresponde aos braços, pernas e pés da organização, dá movimento, equilíbrio ao corpo e viabiliza/otimiza resultados), fazendo intermediação entre a função operacional e a administrativa.

O T&D, juntamente com os gerentes, levanta as necessidades de sua equipe em termos de habilidades e competências, para planejar e decidir sobre o treinamento e desenvolvimento dos colaboradores, tanto técnico como emocional/comportamental, inclusive incentivando-os ao autodesenvolvimento.

Percebe-se também, que em função da necessidade de um novo modelo de liderança que atenda as exigências atuais do mercado, os mesmos precisam fazer parte do processo de treinamento, buscando evolução, maturidade e capacidade de adaptação/flexibilidade. Normalmente as lideranças têm dúvidas como gerir pessoas, pois lhes faltam conhecimento e preparo.

Em muitas organizações, os chamados "filtros" – possíveis causas de insucesso no treinamento – começam pela falta de prioridade da alta administração, que não visualiza a correlação entre treinamentos e resultados obtidos.

Outro desafio da área de Gestão de Pessoas/T&D é adquirir *status*, fazer parte do *staff* – da "inteligência" na estrutura organizacional, obtendo uma cota de autonomia no processo de gestão de pessoas para propor ações e realizar desenvolvimento e se responsabilizar pelos resultados.

Parte 2
Possíveis Causas de Insucesso nos Treinamentos

> *"Cada problema tem escondido dentro de si uma oportunidade tão poderosa que, literalmente, impede o desenvolvimento do problema. As grandes histórias de sucesso foram criadas por pessoas que reconheceram um problema e o transformaram em uma oportunidade."*
>
> Joseph Sugarman

Alguns fatos observados nas organizações que contribuem para a ineficácia dos treinamentos:

- Pessoas desmotivadas, inclusive para o autodesenvolvimento.
- Treinamento por imposição.
- Extemporaneidade dos treinamentos para aplicação em determinadas tarefas.
- Instrutores despreparados.
- Logística de treinamentos inadequada.
- Dificuldade de mensuração do custo × benefício do treinamento.
- Falta de conhecimento da importância do equilíbrio emocional para o aprendizado.
- Sistema de comunicação deficiente.

Pessoas desmotivadas, inclusive para o autodesenvolvimento

Percebe-se que existem colaboradores desmotivados para o aprendizado, o autodesenvolvimento. Talvez pela falta de esclarecimentos sobre este processo, a visão de como fazê-lo acontecer e principalmente de saber que ele próprio é o único responsável pelo seu desenvolvimento. Muitos colaboradores atribuem total responsabilidade à organização.

A organização é responsável por intermediar o aprendizado, disseminando o conhecimento através da promoção de eventos – palestras, cursos (inclusive motivacionais), jornais internos, fóruns de debates, comunicação eletrônica – trabalhando o comportamento e a consciência das pessoas, fazendo-as perceber a necessidade de reciclagem do conhecimento.

A organização deverá descobrir o que efetivamente motiva os colaboradores e procurar atender aos requisitos motivacionais. Apresentar os benefícios do autodesenvolvimento, inclusive a empregabilidade, estabelecer metas desafiadoras para que os mesmos demonstrem seus potenciais/ talentos e sejam reconhecidos por mérito, buscando a auto-realização e o amor próprio positivo.

Treinamento por imposição

Não é raro encontrar colaboradores em treinamentos apenas porque foram mandados pelos seus chefes. Os treinamentos são desvinculados das necessidades de habilidades e competências específicas, não havendo clareza de objetivos, do propósito, muito menos do que se espera como resultado prático do conhecimento adquirido, tanto para a organização quanto para o colaborador.

Deve-se fazer um diagnóstico, um estudo prévio junto à gerência/ equipe para analisar a real necessidade, inclusive priorizando o treinamento, considerando o resultado prático do treinamento para a área/organização.

A área de T&D precisa desenvolver mecanismos para inverter esta situação, inclusive capacitando o corpo gerencial para gerir esse processo. O pré-acordo é uma das ferramentas que poderia ser utilizada (antes do treinamento), para contemplar todas as questões pertinentes, com definição de indicadores, foco em metas, plano de ação para aplicar dentro do seu trabalho o aprendizado adquirido no treinamento, definição e divisão de responsabilidades tanto para o colaborador quanto para o gestor da área envolvida.

O líder/gerente deve ser preparado para exercer o papel de gestor de pessoas (o qual denominamos de Gestão de Pessoas Operacional – GPO) com uma cota de autonomia para assumir a responsabilidade pelo treinamento, desenvolvimento e desempenho da sua equipe.

Extemporaneidade dos treinamentos para aplicação em determinadas tarefas

A extemporaneidade dos treinamentos refere-se a ocorrência de treinamento atrasado em relação à necessidade imediata (como exemplo: execução de determinadas tarefas e atribuições, implantação de um novo projeto, assunção do papel gerencial, etc.), o que provoca frustração e desmotivação.

Os projetos que de modo geral impactam nas mudanças de processos, cultura e rotinas dentro da organização deverão contemplar, antes da sua elaboração e implementação, as etapas de treinamentos técnicos e comportamentais necessários para garantir o seu êxito.

Instrutores despreparados

Ter instrutores despreparados (em termos de conhecimento, experiência, clareza de objetivos, metodologia, emocionalmente, etc.) e que não estejam alinhados com as expectativas, as metas e as estratégias da empresa, significa perda de tempo, gera desinteresse, desestímulo e prejuízos financeiros.

A área de T&D deve ter cuidado nas escolhas de instrutores, criando condições de formar e desenvolver multiplicadores internos, considerando conhecimento, interesse e aptidão, não exigindo essa condição de qualquer colaborador.

Logística de treinamentos inadequada

A logística de treinamentos inadequada causa insatisfação nos treinandos, desconforto físico, emocional, dispersão e perda de tempo, prejudicando a aprendizagem. O ideal seria um ambiente onde os colaboradores estivessem confortáveis, inteiramente envolvidos (física e emocionalmente).

Dificuldade de mensuração do custo × benefício do treinamento

O desafio da área de T&D é grande, começando por adquirir a credibilidade necessária para propor e implantar novas ações de treinamento e desenvolvimento para que seja visto como investimento, com resultados mensuráveis em termos de custo/benefício.

Por isso, uma das preocupações dos profissionais de RH/Gestão Estratégica de Pessoas/T&D, com os gestores/líderes, seria desenvolver formas de mensurar resultados, comprovando estatisticamente os benefícios de investimento no treinamento. Provar matematicamente que os ganhos obtidos através dos treinamentos impactam nos resultados da organização, confere credibilidade à GP/T&D e dá reforço para as decisões de liberação de recursos para capacitação. Torna-se necessário treinar também o pessoal de T&D, para que adquira tal conhecimento.

Falta de conhecimento da importância do equilíbrio emocional para o aprendizado

A falta de conhecimento da importância do equilíbrio emocional para o processo de aprendizagem é considerado outro fator de insucesso no treinamento. Percebe-se que a grande maioria dos treinamentos está voltada para o conhecimento técnico, em detrimento do treinamento comportamental, que busca o equilíbrio emocional e o desenvolvimento das inter-relações. A organização deve buscar o equilíbrio entre o desenvolvimento técnico e o emocional.

Sistema de comunicação deficiente

A comunicação tem sido um dos grandes fatores de insucesso de muitas organizações, onde o distanciamento entre a alta administração e a base é imenso. As lacunas em termos de comunicação existente nas organizações são muitas, o que gera dificuldades de entendimento e relacionamento.

O sistema de comunicação tem o objetivo de obter dados e informações e transformá-los em conhecimento para tomada de decisão. Logo, sua eficácia se dará se for uma via de mão dupla, de forma permanente, disciplinada e confiável. Com relação à área de T&D, não poderia ser diferente, pois o levantamento de necessidades de treinamento deve considerar as informações vindas da média gerência/base, para montagem do planejamento de treinamento.

Os canais de acesso à informação devem ser claros, satisfatórios e estar ao alcance de todos. Não basta satisfazer apenas uma das partes. A informação deve ir e vir (feedback), com canais onde todos os funcionários possam utilizar. A comunicação deve atender a demanda, garantindo o retorno quando se fizer necessário.

Devem existir canais formais de comunicação voltados ao reconhecimento dos colaboradores, aos elogios, com espaços para críticas, sugestões e divulgação de boas práticas e iniciativas.

A comunicação deve ser um meio eficaz de manter todos os colaboradores informados e atualizados.

Parte 3
Considerações Finais

"Sucesso? Já nasci herói. Sou fruto do espermatozóide que conseguiu sobreviver."

Ana Abrantes

Após as etapas de reflexões, com a maturidade das discussões em grupo, percebe-se que há uma grande disposição para visualizar uma gestão estratégica de pessoas (na estrutura da organização correspondente ao pescoço), com a função de conhecer e disseminar os conceitos estratégicos da mesma, formar lideranças para otimizar os potenciais – capital intelectual existente na organização e oportunizar o treinamento e desenvolvimento de todos os colaboradores, considerando perfil, aptidões e necessidades, buscando assumir o papel de agente de mudança de pessoas, de uma forma efetiva, interativa e participativa.

Enxerga-se também a gestão de pessoas a nível operacional (na estrutura da organização correspondente ao tronco/corpo gerencial e lideranças), com o papel de motivar a equipe, buscar a satisfação no trabalho, melhorar o desempenho, aumentar a produtividade, atingindo metas e maximizando os resultados.

Em função destas análises e discussões, considera-se de vital importância para o sucesso do treinamento e desenvolvimento de pessoas nas organizações a visão, priorização, envolvimento efetivo e o compromisso da alta administração e do corpo gerencial.

Tais considerações fazem crer que a condição indispensável na busca da excelência profissional e organizacional passa pelo preparo, habilidade e capacidade dos líderes/gerentes em maximizar potenciais, talentos, aptidões e, particularmente, a inteligência, maior recurso existente na organização – disponível na obra prima do Criador: o homem.

Grupo V

Jogos Empresariais e Vivências

Componentes

Ano: 2002

- Aldenora Alves de Sá
- Andréia Santos da Conceição
- Antônio Carlos Santos Costa
- Carmem Lúcia Siqueira Pinheiro
- Cláudia de Matos Santos
- Creuza Taeko Araújo
- **Edvânia Landim (Coordenadora)**
- Igor Hage F. Pugliese
- **Maria de Fátima Belchior (Vice-Coordenadora)**
- **Maria Rita Gramigna (Patrona)**
- Rosângela Silva Freitas
- Rosanny Jessouroun
- Rose Ângelo
- Vânia Lúcia Rabelo

Ano: 2003

- Andréia Santos da Conceição
- Carmem Lúcia Siqueira Pinheiro
- Cláudia de Matos Santos
- **Edvânia Landim (Coordenadora)**
- Izabela Andrade
- Lúcia Malvar
- **Maria de Fátima Belchior (Vice-Coordenadora)**
- **Maria Rita Gramigna (Patrona)**
- Rosângela Silva Freitas

Grupo Jogos Empresariais e Vivências – Nossa História

A história do Grupo de Estudo Jogos Empresariais e Vivências da ABRH-BA tem refletido alguns fenômenos de grupo, tais como o processo de inclusão, afeição e sustentação, entre outros. Nesse sentido, a nossa **caminhada em 2002** teve momentos significativos de construção e criação coletiva, podendo sinteticamente descrever:

1º Momento: **Integração Grupal**
- Agregar Pessoas, Conhecimentos e Valores.
- Alinhar Expectativas Pessoais, Profissionais e Organizacionais.

2º Momento: **Construção da Teia Grupal**
- Criação de Vínculos e Fortalecimento do Grupo.
- Definição dos Objetivos do Grupo de Jogos.
- Definição da Temática para Estudo: Gestão por Competência e Autoconhecimento nas Organizações.
- Dimensões a Serem Trabalhadas: A Pessoa, o Grupo e a Organização.
- Dinâmica de Funcionamento do Grupo: Formalização de Contrato de Convivência Grupal e Pauta de Encontros.

3º Momento: **Reconstrução do Grupo**
- **Redefinições:** Participantes, Proposta de Funcionamento do Grupo, Metas.

Os momentos, acima descritos, não se desenvolveram de forma estanque, mas concomitante e interdependente, como de fato é, um processo grupal. Assim, registramos neste primeiro ano de grupo alguns fenômenos que consideramos oportuno registrar:

- **A inclusão** das pessoas no grupo foi constante, apesar de inicialmente ter sido previsto no estatuto dos grupos um tempo limite para este fim. Observou-se que a dinâmica social e grupal muitas vezes supera limites/regras previamente estabelecidas, exigindo do facilitador e do grupo, o desenvolvimento de competências cognitivas, emocionais e comportamentais, tais como: abertura, flexibilidade, criatividade, liderança, comunicação e feedback, relacionamento, etc. Tais competências foram essenciais para que pudéssemos superar alguns desafios encontrados no caminho, ou seja, o chamado "vaivém de pessoas", o "entra-e-sai", que se de um lado significava movimento, oportunidade de agregar novas pessoas, conhecimentos e talentos, por outro comprometia o desenvolvimento grupal, pois cada encontro significava, muitas vezes, um novo começo, sendo necessário retomar toda a discussão sobre as expectativas pessoais/profissionais x objetivos grupais, demandando tempo e comprometendo resultados, do ponto de vista tangível.

- **A construção de vínculos afetivos** de confiança e solidariedade foi a tônica do grupo e ao mesmo tempo seu pilar de sustentação, visto que o grupo passou a significar para seus participantes um local de nutrição afetiva, de troca relacional e cognitiva, de respeito e compreensão mútua. Nesta fase, trabalhamos os emergentes grupais, de modo que o significativo não era a dinâmica de grupo, mas a *dinâmica do grupo,* para a qual a técnica, o jogo deveria ser adequado ao momento vivido pelos participantes, o que certamente contribuiu para o processo de espontaneidade e criatividade grupal e o aprendizado pessoal/profissional quanto a nossa atitude planejada e rígida nos treinamentos, bem como o encouraçamento do potencial espontâneo e criativo das pessoas. Tal aprendizado remeteu-nos e remete ainda a algumas reflexões, para as quais nos indagamos:

    – Não são organizações criativas que buscamos?

    – Será que sabemos alinhar o potencial criativo das pessoas ao negócio e à missão organizacional?

    – Será que no contexto organizacional temos, como gestores de RH, uma ação inclusiva de pessoas, valores, talentos e negócio?

- Nas organizações há espaço para vinculações afetivas e de confiança entre as pessoas/departamentos/chefias?
- Será que utilizamos todo o nosso potencial para criar ou nos defender dos outros, do chefe, dos colegas, da mudança?
- São os vínculos de confiança e solidariedade fatores para o sucesso de funcionamento das equipes?
- O pertencer, o sentir-se parte de, contribui para superação de adversidades e desafios?

A nossa experiência sinalizou que vínculos afetivos de confiança e aceitação funcionam como esteio para a sustentação de grupos, mesmo em processos de crise. Como ferramenta pedagógica para construção e formalização desses vínculos, criamos nesta fase o Contrato de Convivência Grupal e a Pauta Básica para os Encontros, de modo a estabelecer o compromisso com o grupo e com o desenvolvimento das atividades/tarefas.

- A **sustentação** de um grupo de estudo, que conjuga a *formalidade*, visto que é patrocinado por uma organização profissional e, ao mesmo tempo, a *informalidade*, uma vez que não existe a obrigatoriedade dos seus associados com a proposta, mas a adesão e o compromisso espontâneo e pessoal para este fim, trouxe-nos alguns desafios de ordem material/operacional: local para funcionamento, recursos para coffee-break, presença dos participantes, etc. Aliado a isto, comprovamos algo inerente aos grupos/pessoas, ou seja: o descompasso entre desejo e realidade; fala e sentimento; tarefa e realização. A mudança constante de pessoas implicava também uma mudança constante de objetivos, metas e propósitos, comprometendo a sustentabilidade do grupo e, conseqüentemente, os resultados.

Foi assim que definimos, nesta fase, como **objetivos do grupo de jogos e vivências**: *conhecer o grupo, pessoas e alinhar expectativas pessoais, grupais e organizacionais, em conformidade com os objetivos da ABRH-BA; incentivar a observação, curiosidade e pesquisa de referenciais teóricos sobre jogos e técnicas vivenciais; partilhar conceitos, idéias e experiências; sistematizar idéias, sugestões, conhecimentos para a produção de material técnico-científico sobre os temas estudados e/ou desenvolvidos pelo grupo; buscar o crescimento e o desenvolvimento pessoal, profissional, organizacional e social; estimular a criatividade para a construção de novas técnicas vivenciais* e de jogos empresariais; agregar valor ao papel de facilitador de jogos empresariais e vivências; valorizar o potencial humano e criativo das pessoas; experimentar o Ser Grupal.

Nesta fase, o grupo subdividiu-se em dois, com a finalidade de **estudar** e **desenvolver jogos** no campo da **Gestão por Competências e do Autoconhecimento nas Organizações**. Como **produto**, tivemos a construção e aplicação de uma **vivência** (com foco no desenvolvimento do canal perceptivo, para ampliação da percepção de si, do outro e do grupo) e de um **jogo** (com foco na competência "trabalhar sob pressão"). Visando a sistematização da experiência, elaboramos o **formulário** para registro dos jogos/vivências, com identificação dos objetivos e descrição das atividades e recursos necessários. Como suporte para integração, inclusão e comunicação entre os participantes, criamos o *e-mail* **jogos empresariais@nossogrupo.com.br**, que se tornou um espaço de troca, fortalecimento dos vínculos e sustentação grupal.

Grupo de Jogos Empresariais e Vivências – I Encontro dos Grupos de Estudo – 1/8/2002

Prosseguimos com a nossa caminhada em 2003, com o desafio de reconstruir o grupo de jogos, pois desligamentos de participantes ocorreram, ao tempo em que surgiu o desejo manifesto de entrada de novas pessoas no grupo. Antes, porém, participamos como facilitadores da oficina de integração dos grupos de estudo da ABRH-BA, quando constatamos a ressonância grupal, no que se refere às dificuldades e aos desafios no caminhar em grupo. A oficina demonstrou que, ao lado das dificuldades, existiam também potencialidades e perspectivas de mudanças e superação, inclusive para o nosso grupo.

Foi assim que iniciamos o ano de 2003 com mais de 60% (sessenta por cento) de participantes novos que deram ao grupo uma nova dinâmica de funcionamento. Começamos por definir a **missão** do Grupo Jogos e Vivências: *"Agregar valor ao papel de facilitador na utilização de jogos"*. Redefinimos os nossos **objetivos**, que assim se apresentam:

- Compartilhar conceitos, idéias e experiências.

- Sistematizar conhecimentos, idéias e sugestões para a produção de material técnico-científico sobre os temas estudados e/ou desenvolvidos pelo grupo.

- Valorizar o potencial humano, estimulando a criatividade das pessoas para a construção de novas técnicas vivenciais de jogos empresariais.

Estabelecemos que a **dinâmica de funcionamento do grupo** obedeceria as seguintes fases:

1. Leitura e discussão de textos, artigos, livros, etc., sendo que cada encontro seria assumido por um ou mais participantes. Estes, por sua vez, assumiriam o comando do grupo, no sentido de aplicar jogos e facilitar o processo grupal.

2. Sistematização do conhecimento, por meio de resumos/memórias para socialização do saber e registros da produção grupal.

3. Realização de Oficinas Temáticas com competências desenvolvidas pela patrona (a exemplo da oficina de criatividade) e do próprio grupo, como: Gestão Estratégica para o Desenvolvimento de Equipes, A Arte de Liderar e Ser Líder, Desenvolvimento Pessoal – O Caminho da Realização Profissional, entre outros.

Estabelecida como o local para encontros a sede da ABRH-BA, e como cronograma a manutenção da primeira quarta-feira do mês, pudemos, do ponto de vista operacional:

- Estudar livros (cinco).

- Fazer resumos do material estudado.

- Aplicar jogos indicados na literatura estudada.

No que se refere ao aspecto relacional, continuamos o trabalho de inclusão das pessoas/participantes, a construção de vinculação afetiva e a sustentabilidade grupal. Temos percebido que a realização das tarefas, além da contribuição ao campo cognitivo, também contribui para o desenvolvimento pessoal/profissional, visto que o grupo se torna espaço para experienciar, sem críticas ou censuras, mas com observação e feedback, o papel de facilitador de jogos, mobilizando, assim, o processo espontâneo e criativo das pessoas. Ao conhecimento é agregada a valorização das pessoas, a auto-estima, a capacidade técnica, as competências emocional e comportamental.

Como resultado deste processo de integração e construção, estamos em fase de realização da primeira oficina do grupo para construção coletiva do livro, a princípio intitulado "ABC dos Jogos", que pretende ser o produto final desta nova fase do Grupo Jogos Empresariais e Vivências.

Ao entendermos o jogo – como um processo vivencial único, indivisível e espontâneo, que tem regras e formas estabelecidas pelo grupo, onde o que importa não é o jogo em si, mas a possibilidade de, com o jogo, abrirmos espaço para a criatividade e inovação, por meio da desconstrução de barreiras pessoais/profissionais, transformando o espaço organizacional, muitas vezes tenso e rígido, em campo relaxado, dinâmico e flexível – acreditamos que o grupo de jogos pode também, de modo semelhante ao grupo organizacional, ser um espaço de troca, aprendizado e crescimento mútuo, de forma lúdica, alegre e criativa.

Se o primeiro ano do Grupo Jogos e Vivências foi de *"Encontros e Despedidas",* onde como na música do mesmo nome *"todos os dias é um vaivém, a vida se repete na estação/ tem gente que chega pra ficar/ tem gente a sorrir e a chorar e é assim chegar e partir/ são só dois lados da mesma viagem/ o trem que chega é o mesmo trem da partida/ a hora do encontro é também despedida...",* podemos afirmar que iniciamos o ano de 2003, semelhante ao poema de Drummond: *"no meio do caminho tem uma pedra, tem uma pedra no meio do caminho..."* e esta pedra mostrou-se do tamanho do nosso medo e da altura dos nossos sonhos e da nossa capacidade para enfrentar, superar e realizar.

Grupo Jogos Empresariais e Vivências

Resumo do Livro: Jogos de Empresa e Técnicas Vivenciais
Autora: Maria Rita Miranda Gramigna
Editora Makron Books

1. Introdução

Numa época de transformações, que exige uma profunda revisão de paradigmas, urge que se adote novos conceitos, abordagens e metodologias para enriquecimento dos recursos de ensino e aprendizagem. O presente livro trata, pois, da utilização da ferramenta valiosa de *Jogos* para a utilização em treinamento e desenvolvimento nas empresas. O Jogo empregado na aprendizagem em negócios desmistifica a complexidade, mostrando aos participantes que a ação inteligente pressupõe a compreensão de verdades simples e o emprego de uma estratégia que está ao alcance de todos.

A proposta da autora é trazer essas novas estratégias para o treinamento e desenvolvimento, bem como para seleção e identificação de potencial nas organizações.

2. Desenvolvimento e Mudança

Para a autora "o desenvolvimento pode ser caracterizado como 'qualquer mudança para melhor, por menor que seja, detonada por uma força interna ou externa à pessoa', ou seja, a passagem de uma situação A para outra situação B". Partindo de A para B, o caminho a ser percorrido passa por cinco estágios:

- **Primeiro estágio** – Refere-se à informação à qual cada pessoa tem acesso e à forma como é percebida e sentida internamente. Se for ao encontro da necessidade pessoal e considerada como valor, poderá ser internalizada e somente assim será transformada em conhecimento.

  Cabe ao facilitador adotar estratégia que permita ampla participação do grupo no processo e na troca de experiências para facilitar a assimilação e a internalização dos conceitos.

- **Segundo estágio** – Está ligado diretamente aos valores e às crenças pessoais e atinge as emoções e os sentimentos, abrindo ou não as portas da motivação. A atitude é individual e o facilitador pouco pode fazer, além do estímulo dado no primeiro estágio. No entanto, o facilitador deve estar atento às manifestações dos participantes para sentir a aprovação ou não: expressões faciais, postura e distância física. Cabe ao facilitador estimular o grupo a experimentar o novo.

- **Terceiro estágio** – As pessoas procuram desenvolver habilidade necessária para implantar a mudança. É o esforço individual na busca dos meios para atingir os fins determinados pelas metas pessoais.

- **Quarto estágio** – Após perceber, sentir e decidir, vem a ação individual, fechando o ciclo de mudança individual.

- **Quinto estágio** – Acontece quando o agente de mudanças arregimenta novos adeptos às suas práticas. A ação, antes individual, passa a ser conjunta, com cada pessoa engajada no processo e agindo em prol da transformação.

O processo de desenvolvimento pode, à primeira vista, parecer simples e rápido. Porém, no seu percurso, quase sempre nos deparamos com algumas variáveis restritivas que retardam suas fases ou mesmo levam à estagnação. Dentre elas, encontramos:

- crenças e valores individuais;
- pressão nos grupos;
- dificuldades pessoais;
- falta de acesso a informações necessárias à evolução dos próximos estágios;
- medo de errar.

Por outro lado, há forças propulsoras que equilibram a situação e propiciam condições para as transformações, tais como:

- a eterna insatisfação do ser humano, sempre em busca de novos significados para a vida;
- a grande capacidade e o potencial ilimitado das pessoas;
- o instinto de sobrevivência que impele à ação quando as pessoas se sentem ameaçadas.

3. Jogos e Vivências

Acompanhando as novas estratégias exigidas pela nova ordem social, política e tecnológica, os profissionais de Recursos Humanos, que foram agentes ou puros espectadores das mudanças ocorridas, adotaram metodologias inovadoras de treinamento e desenvolvimento, bem como para seleção e identificação de potencial. Descobriram que poderiam ter uma atuação generalista, buscando em outras ciências e práticas instrumentos auxiliares que contribuiriam na melhoria de seus serviços. Valeram-se, então, da grafologia para análise estrutural em seleção, da biodança para desenvolver o ser humano em seus três centros: razão, emoção e ação, da dinâmica de grupo para trabalhar a integração de equipes, do psicodrama para diagnosticar e resolver problemas, da musicoterapia em programas comportamentais e atitudinais e dos jogos de empresa para desenvolver habilidades em geral. O ponto comum entre as diversas práticas é a possibilidade de participação ativa do grupo e a vivência plena no processo.

Os Jogos foram usados pela primeira vez como instrumento de treinamento de executivos na década de 50, nos Estados Unidos. Posteriormente, devido aos resultados alcançados, tiveram grande aceitação na Alemanha e na Inglaterra. No Brasil, chegaram com força total na década de 80. A princípio, os jogos eram traduzidos e, com o passar dos anos, profissionais e pesquisadores do tema criaram seu próprio modelo. Hoje, temos no mercado uma variedade razoável de jogos cuja característica é a adaptação à nossa cultura e às necessidades específicas.

A adesão aos jogos, pelos diversos profissionais, deveu-se em grande parte às vantagens e aos resultados obtidos, dentre eles:

- maior compreensão de conceitos, antes considerados abstratos;
- conscientização da necessidade de um realinhamento atitudinal e comportamental no atual momento de mudanças;
- redução do tempo dos programas, sem prejuízo da qualidade;
- maior possibilidade de comprometimento do grupo com resultados;
- reconhecimento do próprio potencial e das dificuldades individuais;
- clima grupal favorável à participação plena;
- resgate do lúdico – essência do ser humano;

- resgate do potencial criativo e descoberta de possibilidades não consideradas anteriormente;
- possibilidade de mensuração de resultados durante os jogos simulados, possibilitando avaliações comparativas com a realidade;
- maiores chances de desenvolvimento de habilidades técnicas, conceituais e interpessoais.

A autora, concordando com a afirmação de que "vivência é o instante vivido", conceitua **vivência** como o momento vivido pelo grupo em atividades simuladas, semelhantes à sua realidade, que permitem ampla participação e forte comprometimento com o aqui e agora.

O **jogo** implica uma vivência. Nem toda **vivência** é um **jogo**. Entre os dois, existem alguns pontos em comum:

- ambos são planejados tendo como referências situações reais;
- pressupõem participação ativa do grupo;
- podem gerar emoções, desde as mais genuínas às mais comuns;
- estimulam o contato entre os participantes;
- acionam as funções dos dois hemisférios;
- geram tensão;
- têm regras que estabelecem o cenário simulado, sinalizando o que é permitido e o que é proibido.

Comprovadamente, a melhor forma de aprendizagem é a vivencial. O ciclo de aprendizagem só se fecha quando são vivenciadas cinco fases:

1) a vivência propriamente dita: o jogo, a tarefa e a atividade;

2) o relato de sentimentos, emoções e reações;

3) o processamento da vivência, pela qual o facilitador recebe feedback das pessoas envolvidas no processo;

4) a extrapolação de situações passadas e presentes semelhantes às vivenciais e o insight, que surpreende o participante com algo novo;

5) o compromisso pessoal com mudanças de comportamento, atitudes ou ações que se façam necessárias.

Para a autora, a *diferença entre o jogo e a vivência é determinada pelas regras*. Quando estas contêm pontuação que permita definir vencedores e *perdedores, colocando a competição às claras, trata-se de um jogo. Do contrário, chamamos a atividade de vivência.*

4. Aprendizagem Vivencial

A aprendizagem vivencial é a conseqüência do envolvimento das pessoas em uma atividade na qual, além de vivenciá-la, elas têm a oportunidade de analisar o processo de forma crítica, extrair algum insight útil desta análise e aplicar o aprendizado em seu cotidiano.

No caso da metodologia dos jogos empresariais e das técnicas vivenciais o Ciclo de Aprendizagem Vivencial – CAV serve de base para sua aplicação.

O ciclo possui os seguintes estágios:

Vivência – Fazer algo, construir.

- É a fase do jogo ou vivência, o momento inicial de "fazer algo".

Relato – Expressar sentimentos e emoções.

- Após a vivência, o facilitador abre espaço para demonstrações de sentimentos, que poderão ser de forma oral ou escrita, individual ou em grupo, usando a criatividade, desde que o facilitador possua experiência para condução.

Processamento – Avaliar o processo grupal.

- Nesta fase é feita a análise de desempenho pelo grupo no que se refere ao seu processo de liderança, organização, planejamento, comunicação, administração de conflitos, etc.

Generalização – Comparar jogo e realidade empresarial.

- Este momento é ideal para a introdução de temas, informações técnicas ou referencial teórico.

Aplicação – Momento de planejar novos rumos.

- Com esta fase, fecha o ciclo da aprendizagem vivencial, com o compromisso com a mudança.

Qualquer atividade vivencial poderá ser avaliada tendo como referencial o modelo apresentado.

O livro apresenta uma grande quantidade de jogos e vivências, agrupando-os de acordo com a sua aplicação, da seguinte forma:

- **Vivências para abrir eventos** – Usadas para dinamizar a fase inicial de atividades em grupo.

- **Jogos para fase intermediária de eventos** – Aplicados quando o grupo está mais familiarizado entre si. É o momento no qual surgem as lideranças. Recomenda-se a aplicação de atividades em que o grupo possa exercer seus próprios controles e que permita autonomia.

- **Jogos e vivências vitalizadoras** – Usados nos momentos de baixo nível de motivação e aparente desinteresse.

- **Vivências harmonizadoras** – Para baixar o nível de euforia ou após um dia de trabalho.

- **Jogos e vivências para encerramento de eventos** – Usados para qualificar a produção do grupo, permitindo momentos de afetividade e despedidas.

Resumo do Livro: Jogos Dramáticos

Autora: Regina Forneaut Monteiro

Tópicos levantados a partir da leitura do texto "Jogos Dramáticos":

- O jogo se insere na psicoterapia através do psicodrama.
- O lúdico existe em um espaço terapêutico informal.
- "No jogo existe alguma coisa 'em jogo' que transcende as necessidades imediatas da vida e confere um sentido à ação" – Huizinga.
- Todo jogo tem um início, um desenvolvimento e um fim e se realiza em um campo previamente delimitado, exigindo no seu decorrer, uma ordem absoluta e plena para sua realização.
- O jogo permite ao homem reencontrar sua liberdade, através não só de respostas a seus problemas, mas também na procura de formas novas para os novos desafios da vida, liberando sua espontaneidade criativa.
- O jogo se insere no psicodrama como uma atividade que propicia ao indivíduo expressar livremente as criações de seu mundo interior.
- Através do intercâmbio constante entre fantasia e realidade, permitido pela ação dramática do jogo, temos a liberação dos conflitos internos do indivíduo.
- Tipos de jogo:
    - Pesquisa de Ritmo.
    - Pesquisa de Espaço.
    - Aquecimento.
    - Pesquisa e Trabalho com Dinâmica Grupal.
    - Relaxamento.
    - Sensibilização.
    - Fantasia e Imaginação.
    - Manejo de Situações Agressivas.

- Pesquisa de Ritmo: Propiciar ao indivíduo descobrir seu ritmo interior, natural, e desenvolver sua capacidade sobre ele.

- Pesquisa de Espaço: Conscientizar que cada indivíduo ocupa um lugar, qualquer que seja a posição na qual ele se encontre no momento.

- Aquecimento: Como o próprio nome já diz, é o aquecimento em uma sessão, treinamento.

- Pesquisa e Trabalho com Dinâmica Grupal: Propiciar aos participantes de um grupo o estreitamento de suas relações, como compreender melhor a dinâmica grupal.

- Relaxamento: Levar ao indivíduo a maior percepção de seu próprio corpo, através do conhecimento de suas áreas de tensão.

- Sensibilização: Levar o indivíduo a perceber melhor, através dos seus órgãos do sentido, as impressões do seu corpo, como de objetos externos.

- Fantasia e Imaginação: Dedicar um pouco mais de tempo à capacidade de imaginação e fantasia dos adultos.

- Manejo de Situações Agressivas: Aprender a lidar com situações agressivas quando surgem.

Resumo do Livro: 100 Jogos para Grupos – Uma Abordagem Psicodramática para Empresas, Escolas e Clínicas

Autor: Ronaldo Yudi K. Yozo
Editora Ágora

1. História dos Jogos

Desde a Antigüidade o jogo exerce um grande fascínio nas pessoas e atravessa incólume em sua estrutura, durante séculos, por produzir e/ou resgatar o lúdico.

A maioria dos filósofos, antropólogos e etólogos demonstra interesse pelo lúdico e define jogos como uma atividade que tem sua própria razão de ser e contém, em si, o seu objetivo.

Johan Huizinga afirma que o jogo é anterior à cultura e mais antigo do que qualquer organização social, pois "os animais brincam tal como os homens", com rituais de gestos, ações, regras, competição e divertimento, ou seja, exerce uma função significante, visto que apresenta um determinado sentido. Oferece tensão e alegria. O divertimento define, em si, a essência do jogo.

Para Gregory Bateson, os jogos são o melhor veículo de comunicação entre as espécies (cão e macaco, homem e delfim), assim como entre pessoas de gerações, classes sociais ou culturas diferentes.

Gustav Bally estabelece a relação animal *versus* homem, através do jogo (denominador comum). Associa o jogo à liberdade (indivíduo tenso – sem liberdade. Há a necessidade de relaxar). O homem joga durante toda a sua vida, principalmente quando criança, pois a disponibilidade para jogar é maior. Afirma, portanto, que o jogo é o movimento da liberdade.

Sociedade: materialista e pragmática – Jogos: perda de tempo, utilizado em festividades. Casas de Bingo e outros jogos: repetição, mecanização > Subtrai o verdadeiro prazer.

Arminda Aberastury, afirma que "a criança desloca para o exterior seus medos, angústias e problemas internos, denominando-os por meio da ação". O adulto adquire modelos, regras e convenções morais que gradualmente tolhem sua espontaneidade criadora, tornando-o rígido e hermeticamente fechado em seu próprio mundo materialista e consumista. Torna-se prisioneiro da rotina e de suas obrigações. É importante que se aprenda a resgatar a ordem lúdica, entendida como a interrupção temporária da vida real para jogar, permitindo ao indivíduo libertar-se de suas amarras sociais. É um momento mágico onde o jogar é desprovido de censuras ou críticas.

Se acompanharmos a evolução da humanidade, perceberemos que o lúdico representa o processo de aprendizagem e descoberta do ser humano. É uma forma direta de colaborar na construção cultural de um povo, de uma sociedade. Com o jogo aprendem-se regras, limites e obtêm-se objetivos claros, de forma voluntária e prazerosa.

2. Psicodrama e Jogo Dramático

O que é Jogo Dramático?

J. L. Moreno afirma que "a espontaneidade é o fator primordial para uma existência saudável e o indivíduo espontâneo amplia a sua capacidade criadora". Ora, se constatarmos que o jogo favorece o lúdico e a espontaneidade, faz-se necessário resgatar esta "chama acesa" da criatividade.

Definições de Jogos – sob o enfoque psicodramático:

- Regina F. Monteiro diz que "O jogo é uma atividade que propicia ao indivíduo expressar livremente as criações de seu mundo interno, realizando-as na forma de representação de um papel, pela produção mental de uma fantasia ou por uma determinada atividade corporal".

- Aldo Silva Jr. define jogo dramático "como um recurso adequado que se insere na brecha entre fantasia e realidade internas do indivíduo para possibilitar-se o exercício da passagem realidade/fantasia/realidade/fantasia... livre e espontaneamente".

- Júlia M. C. Motta afirma que "O jogo é a ação da realidade suplementar, onde a unidade criativa pode estar presente". Diz: "O jogo em si é um instrumento rico em possibilidades. A mão humana que lhe dá direção é que define a ética do seu uso. Ter conhecimento implica a responsabilidade no uso do saber".

- Rosane Avani Rodrigues considera que "um jogo é dramático porque o prazer, a diversão se origina fundamentalmente da representação. Ainda que o jogo possa envolver competição, acaso ou habilidade, o foco do prazer do jogo dramático não está em competir, ter sorte ou acertar". Afirma que "O jogo dramático, como qualquer jogo, tem o objetivo de brincar, expandir, relaxar e obter prazer".

- Gisela P. Castanho afirma que "jogo dramático, portanto, difere de outros jogos por acontecer no contexto dramático e, além disso, por envolver os participantes emocionalmente na atividade de expressar as criações de seu mundo interno".

- Castanho diz que, "o jogo dramático não é apenas aquele que é dramatizado. Não consideramos uma brincadeira infantil de fadas ou de super-heróis como jogo dramático, embora seja jogo, haja dramatização e envolvimento com a fantasia. É preciso viver algo que os comove, que os arrebata, que os envolve num conflito".

- Jogo Dramático é uma atividade que permite avaliar e desenvolver o grau de espontaneidade e criatividade do indivíduo, através das suas características, estados de ânimo e/ou emoções na obtenção e resolução de conflitos ligados aos objetivos propostos.

- Jogo Dramático no Teatro – desenvolve somente o papel de ator.

- Espontaneidade "é a resposta de um indivíduo ante uma situação nova e a nova resposta a uma situação velha" (Moreno).

- O Jogo Dramático leva o indivíduo a soltar-se, liberar sua espontaneidade e criatividade, ou seja, é "um meio de desentorpecer o corpo e a mente dos condicionamentos da vida atual", não permitindo a massificação dentro das conversas culturais. Além disso, é preciso que esteja em campo relaxado para jogar, pois "crescem as possibilidades de relações que permitem ao indivíduo alcançar uma solução para seus conflitos", isto é, havendo ampliação do campo relaxado, diminui-se o ponto fixo de tensão. O campo tenso impede esta ampliação de respostas.

- Nas empresas e instituições em geral, o primeiro contato com um grupo gera campo de tensão. É a expectativa do que está por vir. Em situações como esta, podemos aplicar jogos infantis adaptados, de apresentação e/ou sensibilização com o objetivo de produzir campo relaxado, pois sem isso não haverá possibilidade de obter bons resultados. O resgate do lúdico confere aos participantes uma predisposição para jogar e, conseqüentemente, a diminuição de suas resistências para o desenvolvimento do trabalho em si.

3. Características do Jogo Dramático:

1) É uma atividade voluntária, é preciso haver aceitação dos participantes para jogar. É uma proposta livre que pode ser interrompida, se necessário.

2) Tem regras específicas e absolutas. É preciso que concordem com as regras do jogo.

3) Tem um tempo delimitado, que varia de acordo com o jogo ou com as necessidades do Diretor.

4) Tem um espaço, que é o próprio contexto dramático.

5) Há o resgate da ordem lúdica, criando uma perfeição temporária durante o jogo.

6) Tem um objetivo específico: busca a identificação e a resolução de conflitos, sendo esta a característica que o diferencia no Jogo Dramático dentro do Psicodrama.

4. Princípios do Jogo Dramático:

- **Contextos:** Social (realidade social, envolvendo desde o tempo cronológico até o espaço concreto e geográfico, é o contexto que abrange as leis, normas e condutas sociais). Grupal (constituído pelo próprio grupo). Dramático (é a própria realidade dramática, o "como se", a separação entre realidade e fantasia, indivíduo e papel, contexto grupal e dramático).

- **Instrumentos:** Diretor (Produtor, Diretor e Analista Social). Ego Auxiliar (Ator, Guia e Investigador Social). Protagonista. Cenário (onde se constrói o contexto dramático). Auditório (participantes que ficam no contexto grupal, durante o jogo).

- **Etapas:** Aquecimento (inespecífico, específico). Dramatização. Comentários.

5. Recursos Materiais

• Preparo da Sala (espaço adequado, almofadas de tamanhos variados, tapete, boa iluminação, ventilação).

• Músicas (preferencialmente orquestradas, livres de conserva cultural).

Participantes: Roupas adequadas, respeito às diferenças individuais... (tirar sapatos × resistências).

Matriz de Identidade × Jogo Dramático

Fases da Matriz	Classificação	Fases do Papel	Características	Inter-relação	Tipos de Jogos
1ª Fase (eu-eu) Fase do duplo	Identidade do eu (eu-comigo)	Role-taking (adotar)	Sensação, princípio de percepção e de integração	Sem contato físico (individual)	Aquecimento, Apresentação, Relaxamento/Interiorização e Sensibilização. Quem sou, como sinto, como estou?
2ª Fase (eu-tu) Fase do espelho	Reconhecimento do eu (eu e o outro)	Role-playing (jogar)	Sensopercepção e princípio de comunicação	Sem e/ou com pouco contato físico (individual e/ou duplas)	Percepção de si mesmo, percepção do outro e Pré-inversão. Quem é o outro, como me aproximo, como me sinto?
3ª Fase (eu-ele) Fase da inversão (eu-nós)	Reconhecimento do tu (eu com o outro) (eu com todos)	Role-creating (criar)	Comunicação e Identidade Grupal	Permite contato físico (em duplas, trios, quartetos, até o grupo todo)	Jogos de Personagens/Papéis, Inversão de Papéis e Identidade Grupal/Encontro. Como é o outro, como ele sente, pensa e percebe em relação a mim, e vice-versa. Jogos Sóciopsicodramáticos ou Jogos Grupais Identidade e coesão grupal.

6. O Diretor de Jogos Dramáticos e o Grupo

Jogos Dramáticos envolvem uma relação complementar e horizontal (percepção télica) com os participantes de um grupo, sem descaracterizar-se enquanto Diretor, diferindo, assim, do modelo clássico de relação vertical, propenso a gerar dependência. Em dinâmica de grupo aplicada a empresas e instituições considera-se apenas o objetivo final. Com essa postura, um diretor pode generalizar um grupo e/ou seus participantes, classificando-os de modo superficial por meio de algumas características:

- R&S – onipotência.

- No psicodrama e, especificamente, no Jogo Dramático, o que modifica é a postura. Pode-se inclusive adaptar técnicas de dinâmicas de grupo em jogos.

- A condução de um grupo requer do diretor senso de oportunidade, imaginação para a escolha adequada e originalidade de impulso próprio em emergências frente à produção de respostas novas que possam emergir do grupo. Compete estar atento às nuances, pois através do direcionamento adequado é que se obtêm bons resultados.

- O jogo em si, quando mal aplicado, se torna apenas mais uma técnica e, por isso, é facilmente confundido com técnicas de Dinâmica de Grupo. O Jogo Dramático cria a possibilidade de ser alterado e/ou adaptado, de acordo com os objetivos esperados pelo diretor, tornando-se um material eficaz para um psicodiagnóstico e permitindo uma visão ampliada e detalhada da finalidade em questão, entre outras aplicações. Todo Jogo Dramático é psicodiagnóstico, ou seja, permite avaliar as características de um indivíduo ou grupo, através de seus comportamentos, atitudes, sensações e sentimentos, dentro de um contexto lúdico. Se considerarmos a teoria moreniana, pode-se avaliar o nível de espontaneidade, criatividade, desempenho de papéis, tele, rede sociométrica, etc. e/ou, ainda, nível de observação, percepção, comunicação e integração, entre outros. Para tanto, é importante que o diretor sempre tenha o domínio do jogo a ser aplicado.

- O Jogo propicia atos terapêuticos, sem que se torne um processo terapêutico. Em processo terapêutico, o diretor pode aprofundar os conteúdos de ordem afetivo-emocional, explorando através do jogo e trazendo à tona os conflitos emergentes ou não, do Protagonista. Em processo não-terapêutico (recrutamento, seleção, treinamento, etc.), emergem conflitos de ordem pessoal, entretanto deve-se retomar os critérios e objetivos previamente estabelecidos e trabalhar o papel profissional (liderança, competição, etc.).

7. Recomendações para Um Bom Trabalho

1) Unidade funcional coesa (diretor e ego auxiliar).

2) Conhecimento teórico-prático.

3) Contrato com os participantes.

Grupo Jogos Empresariais e Vivências

Plano de Encontro

1º Momento:
- Atividade Musical: Desengonçada. Todos deverão fazer o que a música pede.
- Objetivo: Favorecer o aquecimento do grupo para atividade e início dos trabalhos.

2º Momento:
- Formação de um círculo onde o grupo expõe como passou, o que aconteceu de interessante durante o tempo em que ficou distante.
- Apresentação do livro: o que ele traz, qual sua contribuição (**Anexo 1**).

3º Momento:
- Leitura do material até Vivência, Dinâmica, Técnica e Jogo (**Anexo 2**).

4º Momento:
- Aplicar a Dinâmica da Apresentação (**Anexo 3**).
- Relacioná-la com o conteúdo. Fechar a dinâmica dizendo que ela poderá ser aplicada para seleção e treinamento.

5º Momento:
- Continuação da leitura do material a partir de Vivência, Dinâmica, Técnica e Jogo. Fazer contrapontos quando necessário e oportuno.

6º Momento:
- Leitura sobre quem é o facilitador de jogos.
- Aplicação do questionário de auto-avaliação para facilitadores (**Anexo 4**).

7º Momento:
- Fechamento com música de Geraldo Vandré ou a metáfora do homem ocupado.

ANEXO 1

**Apresentando o livro: Jogos, Dinâmicas e Vivências Grupais.
Como desenvolver sua melhor "técnica" em atividades grupais.**

Autores: Albigenor e Rose Militão
Qualitymark Editora.

Objetivo

É um livro que requer uma visão mais apurada do facilitador, um maior conhecimento dos fenômenos que ocorrem nos grupos, suas características, contextos, além da necessidade de um conhecimento prévio teórico-vivencial de aspectos relacionados ao trabalho com pessoas.

Ele mostra as várias técnicas, jogos, dinâmicas e vivências como um cardápio prático. Traz uma breve teoria com aspectos mais gerais e cita que o facilitador precisa estar atento quando uma dinâmica, aparentemente simples – um aquecimento, uma apresentação ou um momento de integração – desencadear emoções fortes, que exijam uma intervenção terapêutica e se caracterizem como uma vivência. Um jogo recreativo pode, pela sua característica competitiva, gerar um desequilíbrio emocional.

Apresenta sugestões acerca dos recursos Músicas, Filmes, Estórias e Fábulas.

O livro aborda:

Parte 1 – Fundamentação Teórica

1. O homem enquanto ser relacional
- Grupos que o homem passa em sua vida se engajando, escolhendo ou não.

2. Papéis
- Papéis construtivos.
- Papéis não-construtivos.

3. Vivência, Dinâmica, Técnica e Jogo
- Processo de Aprendizagem.

4. Quem é o facilitador de grupos
- Característica da Educação de Adultos.
- Músicas, Filmes, Estórias e Fábulas
  (Cardápio Prático).

Parte 2 – Dinâmicas.

Parte 3 – Jogos.

Parte 4 – Vivências.

ANEXO 2

1. O homem enquanto ser relacional

Do nascimento até a morte, nossa vida é um permanente exercício de sociabilidade. Segundo Charles Fourier (o primeiro pesquisador da psicologia de grupos), o homem, pela sua natureza psicológica, é um ser social e, mais exatamente, um ser grupal. Ele está em contínuo processo de interação com o outro, se comunicando, convivendo, participando e esta convivência determina e concretiza sua existência.

Vários fenômenos ocorrem quando pessoas se juntam com algum objetivo ou não e, a depender da sua dinâmica grupal, pode-se determinar enquanto grupo ou equipe, segundo Fela Moscovici: "Grupos caminham juntos, mas não se afinam, e equipes compreendem seus objetivos e engajam-se para conquistá-los de forma compartilhada. Os riscos são assumidos juntos, a comunicação é verdadeira, existe confiança mútua, as opiniões divergentes são estimuladas de forma sadia. As habilidades possibilitam o complemento das habilidades de outro."

Na Bíblia, o próprio Deus disse, quando tudo começou: "não é bom que o homem esteja só". Líderes talentosos buscaram parcerias e conselhos: Moisés que se juntou a Arão (seu irmão), procurou aconselhar-se com Jhero (seu sogro), deu ouvidos à sensibilidade de Séfora (sua esposa) e aliou-se ao hábil Josué (seu amigo e sucessor).

Jesus, mesmo verbalizando "todo o poder me foi dado no céu e na terra...", formou uma equipe. Recrutou homens bem diferentes em conhecimentos intelectuais, capacidade de liderança e temperamentos para uma missão: difundir o Evangelho em "Jerusalém, Samaria e até os confins da terra."

Ações isoladas tornam mais difícil o alcance dos objetivos. Ninguém é bom ou excelente apenas sozinho: há sempre alguém, um referencial, um suporte, uma estrutura, que incentiva e impulsiona para a realização.

O papel do líder é extremamente importante na dinâmica grupal, assim como nos resultados e alcance dos objetivos do grupo. O que faz de um grupo uma equipe começa pelo líder. O líder cativa, incentiva, vibra, enaltece, elogia, compartilha, ouve, delega, reclama, agradece, parabeniza, enfim.

Gente conquistada é, portanto, equipe formada. Numa orquestra, todos os instrumentos são diferentes, tocados com tons diferentes, por pessoas diferentes, dirigidas por outra pessoa diferente, que se harmonizam e encantam tantas outras pessoas. Isto é resultado de um trabalho de equipe. Numa equipe, ninguém quer ser melhor. O resultado eficaz do trabalho coletivo é que gera satisfação e prazer e a sensação de ter feito o melhor... juntos.

Como princípio elementar do sucesso do trabalho em equipe, podemos extraí-lo mais uma vez da Bíblia: "Melhor é serem dois do que um, porque têm melhor remuneração do seu trabalho. Se caírem, um ajuda o outro a levantar-se... Se dormirem juntos, um aquecerá o outro... Se alguém atacar um, o outro interfere e os dois dominarão mais facilmente... Isto porque o cordão de três dobras é mais difícil de se romper." (Eclesiastes 4:9-12). Temos que transformar o dito popular que diz que "Um é pouco, dois é bom, três é demais" em "Um é pouco, dois é bom, três é excelente!"

Grupos aos quais o homem passa em sua vida se engajando, escolhendo ou não, são:

- Grupos familiares.
- Grupos da escola.
- Grupos do trabalho.
- Grupos religiosos.
- Grupos filantrópicos.
- Grupos de lazer.

Classificação de outros grupos com modalidades diferentes, segundo Carl Rogers:

- *T-Groups* ou Grupos de Treinamento.
- Grupos de Encontro.
- *Sensitivity Training Groups* ou Grupos de Treino de Sensibilidade.
- *Task Oriented Groups* ou Grupos Centrados nas Tarefas.
- *Sensory Body Awarness Groups* ou Grupos de Percepção Sensorial e Corporal.
- *Criativity Workshop* ou Grupos de Criatividade.
- *Family Groups or Couple Groups* ou Grupos Familiares ou Grupos de Casais.
- *Organizational Development Groups* ou Grupos de Desenvolvimento da Organização.
- *Gestalt Groups* ou Grupos Gestálticos.
- *Team Building Groups* ou Grupos de Formação de Equipes.

Papéis construtivos:
- Conciliador.
- Mediador.
- Animador.
- Ouvinte interessado.

Papéis não-construtivos:
- Dominador.
- Dependente.
- Criador de obstáculos.
- Agressivo.
- Vaidoso.
- Reivindicador.
- Confessante.
- Gozador.

2. Vivência, Dinâmica, Técnica e Jogo

Mudar é des-envolver (se) dos seus pré-conceitos. Não se pode mudar internamente antes que esta mudança ocorra em você mesmo.

Segundo Fela Moscovici, em seu livro *Desenvolvimento Interpessoal*, as mudanças pessoais podem abranger diferentes níveis de aprendizagem:

- Nível cognitivo – informações, conhecimentos, compreensão intelectual.
- Nível emocional – emoções, sentimentos, gostos, preferências.
- Nível comportamental – atuação e competência.

2.1. Vivência

No dicionário de Luiz Antônio Sacconi, vivência é:

1. Experiência de contato íntimo.

2. Ato de viver ou sentir intensamente.

3. Exteriorização de sentimento.

Na definição de Fela, vivência é um processo de ensino-aprendizagem denominado Educação de Laboratório, ou seja, "é um conjunto metodológico que objetiva o alcance de mudanças pessoais a partir de aprendizagens baseadas em experiências diretas ou vivências".

Características:

- Caráter experimental, daí o nome.
- Experimentação de comportamentos diferentes do seu padrão de interação.
- Não pode ser considerado inteiramente artificial.
- O aqui e agora é a característica mais marcante do método.
- A experiência é vivenciada e compartilhada.

2.1.1. Processo Vivencial da Educação de Laboratório

Objetivos:

- Aprender a aprender.
- Aprender a ajudar.

Constitui-se de 4 etapas:

- **Atividade:**
Atividades que as pessoas desempenham propriamente ditas.

- **Análise ou Reflexão:**
Consiste no exame e discussão ampla das atividades realizadas, na análise crítica dos resultados e do processo de alcançá-los – O COMO passa a ser mais importante do que o resultado em si. É uma fase muito mobilizadora de energia emocional, pois cada participante deve expor seus sentimentos, idéias e opiniões livremente. Nesta etapa o particpante poderá praticar maior auto-exposição, espontaneidade, autenticidade, troca...

- **Conceituação ou embasamento teórico:**
Consiste na busca de conceitos esclarecedores, fundamentação, informações, insumos cognitivos e é realizado pelo facilitador de forma interativa com os participantes.

- **Conexão ou correlação com o real:**
É onde se fazem as comparações dos aspectos teóricos com situações práticas de trabalho e da vida real. É este momento que possibilita conclusões e novas aprendizagens.

2.2. Dinâmica

Segundo Sacconi "é um conjunto de forças sociais, intelectuais, morais que produzem atividades e mudança numa esfera específica".

Toda a atividade que se desenvolve com um grupo (reuniões, workshops, grupos de trabalho, de crescimento ou treinamento, plenário/grandes eventos, etc.) que objetiva integrar, desinibir, quebrar o gelo, divertir, refletir, aprender, apresentar, promover o conhecimento, incitar a aprendizagem , competir e aquecer, pode ser chamada de Dinâmica de grupo.

O simples encontro de pessoas para buscar qualquer objetivo grupal é uma Dinâmica de Grupo. Aplicar uma dinâmica é possibilitar o exercício de uma vivência. É um processo vivencial, é um momento de laboratório, que pode ir além de um quebra gelo, à reflexões e aprendizados mais profundos e elaborados.

Surgiu com as contribuições de Levy Moreno que se contrapôs a Freud pelo distanciamento para com o paciente/cliente, valorizando a relação com interação, enfatizando a afetividade, de Carl Rogers com o processo terapêutico, através da Terapia Centrada no Cliente, trabalhando com grupos de encontro. E por fim Kurt Lewin que foi o primeiro a utilizar a expressão Dinâmica de Grupo, sendo fundador do Centro de Pesquisa para Dinâmica de Grupo.

2.3. Técnica

É dita como uma forma de variação das expressões "Dinâmica" de Grupo ou "Vivência".

Conforme o dicionário de Sacconi, técnica é:

1. Método de procedimento, jeito ou maneira especial de ensinar.

2. Grau de excelência em alguma atividade.

3. Forma de desenvolver alguma coisa.

No desenvolvimento ou na facilitação de trabalho com grupos, "técnica" é apenas a nomenclatura de um exercício a ser vivenciado, ou seja, um método, um procedimento.

2.4. Jogo

É um processo vivencial por natureza. Um exercício laboratorial, portanto, uma vivência. É uma técnica, uma dinâmica: exige relação entre as pessoas. É uma competição, dinâmica saudável, entre pessoas de interesses comuns, que visa da simples recreação (caráter de gincana) à viabilização de alguma aprendizagem, reflexão e correlação com a prática do dia-a-dia.

Conforme Sacconi, o jogo é:

1. Conjunto de peças que servem para jogar.

2. Passatempo recreativo sujeito a certas regras.

3. Estilo de jogar em uma competição.

4. Competição ou séries de competições, caracterizadas por exercícios e disputas com direito a prêmio.

Quais as vantagens?
- Tem caráter experimental.
- Proporciona flexibilidade ao facilitador.
- Há participação de todos.
- Cria maior responsabilidade para o grupo.
- Gera aprendizado.
- Proporciona motivação.
- Assegura ganhos para todos.

Quais as fases de um jogo?
- Distribuição.
- Instruções.
- Demonstração (quando for o caso).
- O momento do jogo (vivência e observação).
- Pausa ou final do jogo.
- Sentimentos e emoções.
- Discussão, esclarecimentos e opiniões.
- Fechamento.

3. Quem é o Facilitador de Grupos

3.1. Característica da Educação de Adultos

- Apto a se autodirigir e suas vivências acumuladas lhe permitem condições para isso.
- Aprende para aplicação imediata às atividades que executa para resolver problemas e não apenas para acumular conhecimentos.
- Considera suas características e sua participação no planejamento, execução e avaliação das atividades das quais participa.
- Seu ritmo de aprendizagem requer uma metodologia participativa, uma linguagem direta e experiências concretas.

- Sua motivação se liga às expectativas de melhorias na carreira profissional, no reconhecimento social e no crescimento pessoal.
- O adulto aprende estabelecendo uma conexão entre o conhecimento adquirido e suas experiências profissionais.
- Cobra o retorno de seu desempenho. A estratégia ideal é a autoavaliação, para que ele próprio julgue o processo.

Na metodologia para o adulto, o objetivo do ensino-aprendizagem é o de explorar a experiência. O foco não está no conteúdo a ser ensinado, mas nos esquemas referenciais de quem aprende. Segundo Paulo Freire, "como sujeito do processo educativo, o homem busca ativamente respostas para seus problemas, de formas consciente, crítica e construtiva, rejeitando a mera repetição do que está escrito ou dito por outro".

3.2. Requisitos Básicos ao Desempenho do Facilitador

- Saber ouvir e interpretar.
- Ter habilidade para sintetizar.
- Estar sensível aos movimentos do grupo.
- Procurar trazer e manter comentários dentro do contexto.
- Estabelecer uma comunicação clara e objetiva.
- Manter coerência.
- Respeitar e manter sigilo.
- Promover um relacionamento agradável.
- Estar aberto a opiniões contrárias.
- Compartilhar o comando.
- Não subestimar o potencial do grupo.
- Procurar conhecer as características do grupo.
- Evitar aplicar a técnica pela técnica.
- Compartilhar suas expectativas, inseguranças e objetivos.
- Ser paciente.

- Procurar não se comprometer.
- Habituar-se a trabalhar proativamente.
- Ser sensível às reações do grupo.
- Exercitar a capacidade intuitiva e de empatia.
- Reconhecer o valor dos conhecimentos e comportamentos individuais.
- Ser suficientemente capaz de apreender todas as reações individuais.
- Utilizar todo o seu conhecimento especializado.
- Tratar todos com igualdade.
- Utilizar habilidades interpessoais.
- Ser gente e gostar de gente.

Refletir:
Mudar é des-envolver (se) dos seus pré-conceitos. Não se pode mudar internamente antes que esta mudança ocorra em você mesmo.

ANEXO 3
Atividade Grupal

Objetivo:
Dar oportunidade às pessoas de se conhecerem mais.

Procedimento:
- Dar instruções sobre a atividade.
- Colocar no chão as figuras.
- Cada um escolherá a figura com a qual mais se identifica (que tem a ver com o momento em que está vivendo), ou não escolhe nenhuma, ou troca com o colega (TEMPO: 5 minutos para escolha).
- Cada um deve se colocar individualmente.
- Fechamento: o que vocês sentiram com a atividade, o que acharam, como foi. Pode ser utilizada em seleção e treinamento.

ANEXO 4
Teste para se Avaliar como Facilitador – Auto-Avaliação
(Extraído do livro "Jogos, Dinâmicas e Vivências Grupais", de Albigenor e Rose Militão.)

Qual das respostas melhor corresponde ao seu comportamento atual?

1. Antes de uma reunião (encontro grupal), tenho tendência a:
    a) Preparar e prever tudo nos mínimos detalhes.
    b) Preparar um quadro geral do encontro.
    c) Contar, antes de tudo, com o grupo.

2. No começo da reunião tenho tendência a:
    a) Indicar ao grupo o caminho que seria bom seguir.
    b) Propor vários caminhos para discussão e escolha do grupo.
    c) Confiar no grupo para que ele próprio encontre seu caminho.

3. Diante de idéias firmemente opostas às minhas, tenho tendência a:
    a) Manter-me em minhas idéias, de maneira firme e, às vezes, agressiva ou apaixonada.
    b) Continuar a discutir para aprofundar os pontos de vista de cada um.
    c) Deixar a cada um sua liberdade.

4. Quando alguém critica diretamente o que eu digo ou faço, tenho tendência a:
    a) Tentar persuadi-lo de que tenho razão.
    b) Fazer-lhe perguntas ou a remeter a pergunta a todo o grupo, para precisá-la melhor.
    c) Deixá-lo falar, mudando depois de assunto.

5. Quando o grupo toma uma direção diferente daquela decidida pelo conjunto do grupo no início, tenho tendência a:
    a) Fazer o grupo voltar rápida e firmemente ao caminho previsto, sem discussão a respeito.
    b) Relembrar as suas primeiras opções, para que ele volte a se situar.
    c) Confiar no grupo, sem intervir.

6. Em um grupo, tenho habitualmente tendência a:
    a) Dizer o que penso logo de início, independente do que pensam os outros.
    b) Aguardar o momento mais favorável para o caminhar do grupo, levando em conta minhas idéias e aquelas expressadas pelo grupo.
    c) Exprimir-me conforme vai me ocorrendo, dependendo do que sinto no momento.

GRUPO V: JOGOS EMPRESARIAIS E VIVÊNCIAS

7. *Em uma reunião tenho tendência a considerar um conflito como:*
   a) Um momento difícil, a ser resolvido o quanto antes, disciplinando firmemente o grupo.
   b) Uma reação normal do grupo, que é preciso viver sem escamotear mesmo que efetivamente isto seja duro.
   c) Algo que se regulamentará.

8. *Diante de alguém que não abre a boca no grupo, tenho tendência a:*
   a) Interpelá-lo diretamente para que fale e que o grupo possa saber, enfim, o que pensa.
   b) Ficar atento para lançá-lo no momento oportuno, mas sem forçar.
   c) Respeitar seu silêncio, sem lhe conceder atenção especial.

9) *Para conhecer a opinião do grupo sobre um assunto, tenho tendência a:*
   a) Dar freqüentemente a volta ao grupo, para que cada um possa e deva se expressar.
   b) Recolocar o problema de diversas maneiras, para os diversos membros do grupo.
   c) Dar a palavra àqueles que falam mais, considerando que todos poderão falar, se assim o desejarem.

10) *Na busca dos objetivos propostos, tenho em mira em primeiro lugar:*
    a) O sentido das minhas responsabilidades, enquanto facilitador, pois eu sou o principal responsável pelo grupo.
    b) O sentido das responsabilidades de cada membro, mesmo que isto leve tempo, antes que cada um se sinta responsável pelo grupo.
    c) O sentido das responsabilidades dos líderes naturais do grupo que os outros acabam sempre por seguir.

11) *Sinto a avaliação como:*
    a) Um momento difícil, que não deve ser prolongado, devendo se referir unicamente aos resultados e aos objetivos atingidos pelo grupo.
    b) Um momento difícil, às vezes enriquecedor, que se deve referir ao mesmo tempo aos resultados atingidos e ao funcionamento interno do grupo.
    c) Um momento cuja utilidade não é tão clara para mim.

12) *Se a expectativa do grupo chega a resultados diferentes daqueles que havia previsto, tenho tendência a me dizer:*
    a) "Foi um fracasso!"
    b) "Quem sabe, isto corresponde melhor às verdadeiras necessidades do grupo."
    c) "Foi pena mas,... que remédio."

Interpretação dos Resultados

Nas respostas onde foi assinalada a letra "a", você:
- Tende a facilitar de modo arbitrário.
- Prevê tudo antecipadamente e não trata nada com o grupo.
- É absoluto, autoritário, impõe seu ponto de vista.

Para as alíneas **"a"**, se você assinalou:

De 10 a 12 respostas: **Cuidado, autoritarismo perigoso!**

De 6 a 9 respostas: **Esteja atento às suas tendências a querer dirigir tudo.**

De 1 a 5 respostas: **Algumas tendências autoritárias precisam ser vigiadas.**

Nas respostas onde foi assinalada a letra "b", você:
- Tende a facilitar de modo democrático.
- Prevê algumas coisas antecipadamente.
- Discute com o grupo para aperfeiçoamentos ou mudanças, conforme os desejos manifestados.
- Observa o grupo decidir e apenas promove participação.

Para as alíneas **"b"**, se você assinalou:

De 10 a 12 respostas: **Você é um facilitador democrático ideal.**

De 6 a 9 respostas: **Você tem em mãos ótimos trunfos para conduzir democraticamente um grupo.**

De 1 a 5 respostas: **Você tem um bom caminho ainda a percorrer, até facilitar democraticamente.**

Nas respostas onde foi assinalada a letra "c", você:
- Tende a facilitar de modo liberal.
- Não prevê praticamente nada, excetuando-se o local de encontro.
- Deixa o grupo caminhar à vontade.
- Os assuntos são postos de modo generalizado e, com isso, o grupo é absorvido por elementos monopolizadores.

Para as alíneas **"c"**, se você assinalou:

De 10 a 12 respostas: **Você está deixando o barco correr e não exerce seu papel de facilitador.**

De 6 a 9 respostas: **Você tem fortes tendências a deixar o barco correr conforme a corrente, o que prejudica o grupo.**

De 1 a 5 respostas: **Você tem algumas tendências autoritárias a serem vigiadas.**

Resumo do Livro: Jogos e Técnicas Vivenciais nas Empresas – Guia Prático de Dinâmica de Grupo

Autora: Marise Jalowitzki

O Dinâmico Processo de Formação de Grupos e Equipes

A autora aborda no livro os motivos que levam as pessoas a pertencer a determinados grupos sociais e o que isso pode interferir nas organizações.

Através da identificação dos motivos, passa-se a conhecer mais a pessoa e como é sua dinâmica, podendo então trabalhá-la num sentido de comprometimento de suas atividades.

É na aplicação de vivência e jogos, que além da técnica o facilitador sentirá o que as palavras querem expressar e o que o movimento corporal revela.

O ser humano se integra a grupos sociais para retirar satisfação. Mas esta satisfação muitas vezes é originada de imagens estereotipadas. Somos produtos de reações dos outros, do impacto que causamos, mas podemos fazer diferente quando nos permitimos uma análise e reflexão profunda. Sendo assim, o estudo do grupo exige observações livres de conceitos e preconceitos. É estabelecer o que é importante para cada ser, agregando valor às diferenças e somando para o todo.

As pessoas agem/reagem para satisfazer seus impulsos de acordo com seu grau de maturidade, aprendizagem e sabedoria. Por isso, o facilitador deve saber analisar os impulsos que mobilizam as pessoas para a ação.

A convivência entre as pessoas é um fato marcante em termos do destino da vida de cada um, e pode determinar a auto-estima.

A autora analisa seis impulsos que dinamizam o processo de formação de grupos e equipes, e explicam o que se pode observar e compreender nas pessoas em grupo.

- **Impulsos não-sociais** – impulsos para suprir necessidades básicas sem ter que pertencer a um grupo, embora possa provocar interação social. Exemplo: a procura por emprego para suprir carências financeiras, que leva a uma insegurança e baixa auto-estima, embora possa existir satisfação quando se busca o trabalho que se gosta de fazer. Contudo, o esperado é que a pessoa se adapte ao ambiente formando grupos que interagem fora do trabalho, tornando a convivência contingencial.

- **Impulsos de afiliação ou agregação** – impulsos que visam a aproximação física e aprovação dos grupos. As pessoas, mesmo com todos os desestímulos que recebem, têm o intuito de cercar-se de outras que as aceitem como são, e vão se doando aos poucos, até se sentirem agregadas. Ou, muitas vezes buscam pertencer a grupos com os quais se identificam. Exemplo: grupos beneficentes, grupos políticos, etc. Nesse sentido podem ser vistas como oportunistas. Exemplo: candidatas em seleção que procuram se destacar como tendo responsabilidade social.

- **Impulsos de dominação** – levam o ser humano a procurar destaque dentre os demais, sendo representados através do poder, característica esta que todo ser humano possui, mas que nem sempre exerce. Exemplo: empregado que sobe de cargo e muda sua postura com compras de bens de consumo. O ideal é que as pessoas tenham poder de dominação sobre si para conhecerem suas reações e se manterem fiel. Mas o que ocorre muitas vezes é a manipulação, onde se retira do indivíduo a condição de se analisar e ter um senso crítico sobre as influências recebidas.

- **Impulsos de agressão** – impulsos de reação a uma ameaça, que pode ser real ou imaginária, podendo ser manifestada de forma disfarçada ou ostensivamente. O grau de agressividade do ser humano pode ser influenciado desde sua gestação, com a aceitação ou rejeição. Desta forma, o facilitador num processo de desenvolvimento deve buscar, se possível, o histórico pessoal do indivíduo. Quando a agressividade é usada através do poder e da autoridade, ela cria um grau de dependência e submissão nos componentes do grupo que a aceitam.

- **Impulso sexual** – o desejo de satisfazer à necessidade de atração física com o sexo oposto. Normalmente as pessoas não se dão conta de que este é um impulso altamente mobilizador de energia.

- **Impulso de dependência** – é a necessidade de sentir-se protegido levando indivíduos a filiar-se a grupos. Exemplo: associar-se a plano médico ou a grupos de posição de domínio buscando a auto-afirmação – cultura individualista, que gera características de massificação. A autora coloca que os brasileiros são solidários mas não comunitários, porque não se envolvem nas ações práticas. Exemplo: vemos o INSS como assistência e sobrevivência e não como investimento.

Os impulsos sexual, de agressão e de associação trazem conotações que reforçam atitudes inibitórias, que impedem de atingir os objetivos propostos.

A atração e o medo se equilibram, tornando-se componentes da motivação associativa, mobilizados pelo desejo. O objetivo é sentir prazer, embora muitas vezes as ações sejam camufladas, em razão do desconhecimento do próprio "eu".

Entrando para um Grupo de Desenvolvimento ou Treinamento

Para iniciar um trabalho de grupo, o facilitador deve:

- Deixar claro quem está à frente do programa e qual o objetivo.
- Abrir espaço para discussão deste objetivo e por que tais pessoas estão participando.
- Obter endosso da alta direção.
- Criar um clima de confiança.

Só assim poderá eliminar as fantasias de perseguição que surgem, trazendo uma maior interação, com ganhos no emocional, afetivo e operacional.

Ainda assim, o resultado almejado não está garantido, já que cada indivíduo traz consigo experiências vividas e muitas vezes barreiras que o impedem de assimilar o novo.

Há grupos que são organizados para atender expectativas individuais, e grupos para atender a um programa específico. Nestes casos, mais conhecidos nas empresas, ocorrem as atitudes de reserva e rejeição.

Desenvolvimento mexe com estruturas mais profundas, por isso o facilitador deve dar espaço para manifestações de grupo, e também formar seus próprios times de encontro, para trocar experiências e analisar situações.

As Fases de um Grupo ou Teoria das Necessidades Interpessoais

As fases de um grupo, segundo Schutz, são conhecidas como inclusão, controle e afeição, que correspondem às necessidades das pessoas, que buscam no grupo, satisfazê-las, podendo haver a passagem de uma fase a outra num mesmo encontro, de acordo com a satisfação das necessidades de cada um.

Fases do Grupo

Observam-se o comportamento e a fase de maturidade do grupo, as necessidades interpessoais. São as diferentes fases de atendimento das necessidades.

Inclusão: é o processo em que a pessoa procura contato suficiente para evitar o isolamento, assim como também o próprio isolamento, o suficiente para evitar promiscuidade. É a fase em que as pessoas procuram ser aceitas e apreciadas; criam ansiedade, medo e vários questionamentos, assim como a questão de limites. É neste momento que desperta o sentimento de grupo e havendo confiança conseqüentemente há o crescimento pessoal. Por isso, é importante a escolha das técnicas e as vivências de integração porque quebram a barreira do medo e fornecem ao facilitador o perfil do grupo, as atitudes que devem ser trabalhadas ou reforçadas e os indicadores de desempenho.

> *Segundo Schutz, esta é a fase da busca de valorização. Ele divide em: Supersocial, onde se destacam pessoas com iniciativa; Social, com pessoas que se incluem e incluem os outros; Hipossocial, onde as pessoas esperam que os outros tomem a iniciativa de incluí-las.*

Controle: é uma forma da pessoa se impor no grupo para guiar e ser guiada, mas algumas pessoas utilizam de forma hostil, sobrepujando até o facilitador. É o momento em que se definem responsabilidades e os participantes se colocam, saindo do latente para o manifesto. Papéis assumidos de liderança, nesta fase, não são reconhecidos.

> *Para Schutz, é nesta fase que se reconhecem as competências, e onde vemos a liderança do Autocrata, Democrata e do Abdicrata (submisso).*

Afeição: depois da atuação controladora, os participantes sentem a necessidade de aproximação através de sentimentos de amizade, emoção, hostilidade e outros, com a preocupação de não se exporem, apenas receberem calor.

> *Schutz diz que nesta fase o indivíduo busca ser digno. É o Superpessoal, aquele que tem intimidade com todos. O Pessoal, que procura o bem-estar, e o Impessoal, que é sempre distante.*

A *inclusão* busca saber quem está dentro ou fora do grupo, o *controle*, quem está por cima e a *afeição*, quem está próximo ou distante. A 1ª fase é de confusão, a 2ª de competição e a 3ª de cooperação. O facilitador deve ajudar o grupo a ver a si mesmo com mais clareza e a descobrir sua própria realidade.

Todos os enfoques observáveis são identificados como "Leitura de Grupo" e aparecem em todas as fases, o tempo inteiro. É fator primordial num grupo a compatibilidade.

Dicas para Clima Condizente com o Momento do Grupo

➢ O facilitador deve propiciar um processo de autodescoberta para alcançar metas de crescimento, e não de condicionamento.

➢ Deve incentivar as idéias, pois todas as contribuições são importantes.

➢ Deve estimular novas tentativas, já que o erro acontece a todo momento e nos desestruturamos para abrir portas para o novo.

➢ As atitudes do facilitador devem estar voltadas para apoiar, desafiar, informar, ser flexível, revelador, terno, agressivo, perspicaz, tudo para impulsionar o desenvolvimento.

Indivíduo realizado

Para um indivíduo se sentir realizado, não basta apenas ter todas as condições necessárias satisfeitas, porque, de uma maneira ou de outra, o indivíduo atua numa sociedade e seu desenvolvimento se efetua com o apoio desse grupo. E essa sociedade traz questões de condicionamento, que o distanciam do ideal desejado.

O prazer surge quando há condições de manifestar o potencial para a expressão de si mesmo, para poder fazer aquilo que é capaz e estabelecer relações satisfatórias com os outros e a sociedade. Para isso é preciso transpor obstáculos.

Para fazer as pessoas alcançarem este processo de realização, o facilitador deve experienciar seus próprios sentimentos, modificar pensamentos e comportamentos, desenvolver habilidades e aí então levar o programa para outras pessoas, pois irá trabalhar com sentimentos muitas vezes desconhecidos.

QUESTIONÁRIO

Entre cada grupo de três afirmações, escolha uma que mais se ajuste a você:

1. a) Bater um papo com pessoas conhecidas.
   b) Supervisionar o trabalho de outros.
   c) Fazer confidências.

2. a) Ter um grande círculo de relações.
   b) Ter pessoas que precisam de mim.
   c) Ter poucas amizades, mas profundas.

3. a) Receber visitas.
   b) Dar conselhos.
   c) Ouvir confidências.

4. a) Estabelecer contato com pessoas diversas.
   b) Decidir o que deve ser feito.
   c) Harmonizar conflito.

5. a) Contar com a companhia de outros.
   b) Contar com a orientação de outros.
   c) Contar com a intimidade de outros.

6. a) Ser conhecido.
   b) Ser respeitado.
   c) Ser amado.

7. a) Fazer parte de uma equipe anônima.
   b) Fazer parte de uma elite reconhecida.
   c) Fazer parte de um grupo intimista.

8. *Quando estou num grupo novo, procuro:*
   a) saber quem são os outros, de modo geral.
   b) saber quem vai dirigir os trabalhos e quais serão as normas.
   c) estabelecer amizade com um ou dois membros simpáticos.

9. *O mais importante num grupo é:*
   a) a comunicação com todos.
   b) supervisão competente.
   c) clima de amizade.

10. *Numa discussão de grupo, minha inclinação é:*
   a) não me envolver.
   b) dar apoio ao líder.
   c) estimular os mais tímidos.

Efetue a contagem dos pontos da seguinte maneira:

1. a) = Inclusão   b) = Controle   c) = Afeição

- Pessoas que obtêm maior número em *Inclusão* são, geralmente, populares, de relacionamento fácil, mas superficiais. São as que se dão bem com todo mundo, mas sem vínculo mais profundo.

- Pessoas que obtêm maior número em *Controle* geralmente têm fortes características de liderança, que almejam (ou desempenham) funções de comando e exercício de poder.

- Pessoas que obtêm maior número em *Afeição* costumam ter relações não extensas, mas com profundidade.

Inclusão, Controle e Afeição numa correlação com a nossa existência:

- ICA – Ocorre predominantemente na infância. No primeiro ano de vida a criança vivencia de forma integral a inclusão. Dos 2 aos 3 anos, experimenta o uso do poder; é a idade do não. Dos 3 aos 5 anos a fase mais destacada é a da afeição. Até os 10 anos os traços permanecem nessa faixa.

- ACI – Ocorre na adolescência. A necessidade de dar e receber afeição está em primeiro lugar, seguida da vontade de controlar seus próprios atos e de quem mais puder, e uma necessidade de aceitação camuflada não muito reconhecida.

- CAI – A identificação maior é na idade adulta. Exerce-se por necessidade e contingência, responsabilidades e atos num exercício de poder que terá nuances construtivas de acordo com a maneira de lidar com o mesmo poder. A afeição é caracterizada pelas relações usuais, através de vínculos sociais, assim como a necessidade de ser aceito (inclusão).

- AIC – Ocorre na fase idosa. As pessoas costumam adotar atitudes mais condescendentes com as que as rodeiam. A afeição, os sentimentos são mais profundos. A inclusão apresenta-se positiva ou negativa, sendo decorrente da experiência do indivíduo. A vontade de controlar continua, apesar da inexistência da respeitabilidade.

As Mudanças no Grupo e as Reações dos Indivíduos que o Compõe

As Diferentes Reações dos Indivíduos

Fase de Inclusão	Fase de Controle	Fase de Afeição
Os menos socializados podem ser identificados como membros socialmente infantis e procuram integrar-se ao grupo adotando atitudes de dependência.	Os menos socializados podem ser identificados como dependentes, não assumem qualquer responsabilidade e delegam as tomadas de decisão a outras pessoas do grupo, àqueles que percebem como dotados de poder carismático. A leitura de quem é quem é feita com solidez, identificando a quem a maioria dos participantes dedica maior atenção, de quem são as idéias que mais vingam.	São os que se mostram dependentes na inclusão e renunciadores a assumir responsabilidade e comando. Satisfazem suas necessidades de afeto através de relações exclusivas e possessivas. Têm atitudes infantis, esperam ser percebidos e aceitos no papel de criança mimada do grupo.
Aqueles que não superaram a fase da revolta típica da adolescência tentam impor-se ao grupo através de atitudes de contradependência e forçar assim sua inclusão no grupo.	Os indivíduos que se sentem rejeitados e que são mantidos à margem da responsabilidade tenderão a cobiçar o poder, tentando assumir o controle do grupo bem como assumir atitudes autocratas, chegando a querer atingir a responsabilidade total do grupo.	Os indivíduos que se sentem rejeitados ou ignorados utilizam mecanismos de reação para lidar melhor com as necessidades de afeição tomando atitudes adolescentes. Ocultam sua necessidade de afeição, não resistem à pressão estabelecida e acabam por desistir do grupo.
Os indivíduos mais bem socializados são os que encontram em suas relações interpessoais uma satisfação adequada à necessidade de inclusão, adotando para com os outros membros do grupo atitudes paralelamente de autonomia e interdependência.	Os indivíduos de maior maturidade social assumem comportamentos com tendência social, as responsabilidades são compartilhadas entre todos do grupo.	Os mais socializados não adotam meios de defesa ou compensação. O desejo de ser aceito é o mesmo que nos demais, só que aqui existe espaço para solidariedade e fraternidade estabelecidas entre si, numa relação interpessoal equilibrada.
Dependendo do nível de socialização de cada ser humano, a necessidade de inclusão apresentará atitudes em grupos mais ou menos adultas, evoluídas.	....	....

Técnica Aplicada

HOJE ESTOU MAIS PARA...

Objetivos: Integração entre participantes, contribuição individual, solidariedade, comunicação verbal, autoconhecimento.

Material necessário: Bilhetinhos previamente preenchidos, saquinho, papel-ofício, caneta.

Duração: Trinta minutos para um grupo de 10 pessoas.

Desenvolvimento

Os participantes são convidados a se reunir em duplas e o facilitador lhes estende um saquinho contendo duas propostas.

Exemplos:

Cigarra ou Formiga	Vale ou Montanha
Lago ou Rio	Fogueira ou Luz de Vela
Interior ou Capital	Amanhecer ou Entardecer
Skate ou Pula-pula	Aliança de Ouro ou Fita de Seda
Sino ou Campainha	Caixinha de Música ou Tambor
Tubarão ou Sardinha	Cabana ou Sobrado
Café da Manhã ou Jantar	Livro ou TV
Varal ou Pipa	Guitarra ou Gaita

Cada dupla, de posse de um dos bilhetinhos, escolhe, individualmente, o que mais lhe atrai no momento, se um Sino ou uma Campainha, por exemplo. A partir da escolha, cada participante divide com seu par, na dupla, todos os componentes que compõem o cenário da sua escolha. Sino de uma catedral numa metrópole ou de uma cidadezinha no sopé de uma montanha. Quantos habitantes, qual o som do sino, quando ele toca (em quais circunstâncias, para atrair quem, as pessoas estão felizes ou não), enfim, monta todo o cenário. Depois desse tempo, mais ou menos 5 minutos por dupla, o facilitador solicita que façam uma conexão dessa escolha com o momento atual de vida e expliquem o motivo. Mais uns 10 minutos ou 15, dependendo do nível de trocas, as pessoas são convidadas a construir o círculo novamente e trazer um resumo de sua experiência em duplas.

Ao final, as duplas são convidadas a repensar uma saída positiva, com base nas escolhas, que possa auxiliar o grupo durante esse evento. A estratégia é escrita em uma folha de flipchart que ficará exposta durante todo o evento, sendo requisitada sempre que for necessário.

Perfis do Grupo de Trabalho

A autora nos diz que um dos assuntos mais estudados pelos analistas do comportamento humano é a questão de como as pessoas reagem frente a figuras de autoridade e como formamos nossas estruturas de convivência e reagimos internamente.

Ela faz uma breve avaliação da Análise Transacional, método defendido por Eric Berne, para crescimento individual e/ou grupal, que utiliza como base as estruturas de personalidade que são influenciadas por fatores internos, biológicos e externos, organizados em três estados do Ego, de forma diagramada.

Estado de Ego são emoções e pensamentos sentidos diferentemente, em diferentes ocasiões e acompanhados por um padrão de conduta.

PAI (conceitos ensinados de vida) **P**
aconselha e recrimina
age ante ensinamentos e modelos
ordena e julga – é o pensamento preconceituoso
O que se tem que fazer.

ADULTO (conceitos pensados de vida) **A**
reflete e age ante fatos da realidade
pede e dá informações
é o pensamento lógico
O que convém fazer.

CRIANÇA (conceitos sentidos de vida) **C**
age ante expressões e vivências
é o comportamento espontâneo e infantil
reflete os sentimentos naturais e a parte emocional
é o pensamento mágico
O que gosta ou não gosta de fazer.

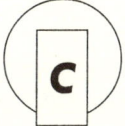

Pessoas que adotam **"pai"** repetem o que aprenderam:
Se forem os chefes (não líderes).
– Pai crítico: usam punição, repassam ordens.
– Pai permissivo: concedem regalias para alguns.

Se forem empregados:
– Obedecem sem contestar.
– Sentem-se ameaçados com idéias de colegas.
– Nas mudanças ficam ansiosos.

Pessoas que adotam o **"adulto adequado"**:
São racionais, têm comportamento empático.
– Agem e reagem de acordo com o que pensam sobre o mundo.
– Têm dificuldade em situações emocionais.
– Como chefe ou empregado: aceitam o que é solicitado.

Pessoas que adotam o **"adulto sadio"**:
– É o almejado no plano existencial.
– Ao contrário do "adulto adequado", internalizam os demais estados equilibradamente.
– Expressam emoções verdadeiras.
– São livres de disfarces.
– É o estado em que nos permitimos revisões (aos 15, 30, 40 anos e nas doenças).

Pessoas que adotam a **"criança"**:

"criança submissa":
– Concordam com tudo aparentemente.
– Levam problemas para casa, são infelizes.
– Somatizam e adoecem.
– Ficam ressentidas com a organização como um todo.

"criança rebelde":
No papel de chefe:
– Vêem os empregados como pessoas que não querem nada; fazem demonstrações de poder.

No papel de empregado:
– Quando contrariados fazem de conta que não entenderam.

Grupo VI

Inovações em Gestão de Pessoas

Componentes

- Eliana Tavares Souza
- **Elizabeth Cardoso da França (Coordenadora)**
- **Fabrício Soares (Patrono)**
- Gilberto Ramos
- Jailton dos Santos
- João Batista C. Vasconcelos
- Márcia Leite Prudente
- Márcia Valência
- Marcondes Franco da Silva
- Rita de Cássia Cunha Mesquita
- Rosana Marques
- Suzana Laniado
- **Waldeivo Souza Cortes (Vice-Coordenador)**

Grupo Inovações em Gestão de Pessoas – Nossa História

O grupo "Inovações em Gestão de Pessoas" foi formado pretendendo estudar as tendências e realidades sobre desenvolvimento organizacional no que tange a uma ação mais estratégica do RH nas empresas. As pessoas envolvidas buscaram promover a partilha e a disseminação de experiências geradas no seio desta iniciativa e incentivar pistas de ação futura no domínio da inovação organizacional e na Gestão de Pessoas.

Objetivos

Por conta das mudanças na Economia Global surgiram novos modelos de gestão. O trabalho tornou-se cada vez mais intelectualizado, complexo, autônomo e coletivo e o novo trabalhador precisou ser capaz de aprender a aprender, trabalhar em equipe, se comunicar, propor soluções, antecipar, prevenir, decidir e intervir em cada uma das situações que surgem no seu cotidiano profissional.

A **Gestão do RH por Competências e Habilidades** foi o foco que permeou as discussões do Grupo Inovações em Gestão de Pessoas, cujos objetivos foram:

1. Criar um diferencial competitivo: profissionais de RH e gestores de pessoas com foco no Negócio.

2. Oferecer aos membros do grupo referenciais para reflexão do seu dia-a-dia organizacional.

3. Sistematizar um conjunto de experiências, pesquisas e contribuições desenvolvidas ao longo das duas últimas décadas na busca de um modelo de gestão de pessoas que atenda as demandas do novo milênio.

Balanço da caminhada

O grupo realizou visitas técnicas às empresas que já tinham implantado o modelo, fez levantamento bibliográfico, participou de fóruns de discussões. A seguir, algumas contribuições das discussões do grupo:

- São múltiplos os novos papéis a serem desempenhados pelos profissionais de RH na condição de co-autores da estratégia empresarial: arquitetar as novas competências essenciais requeridas para a empresa competir melhor; agregar valor aos resultados das empresas e aos resultados dos seus clientes; tornar-se o motor de uma verdadeira fábrica de talentos, desenvolvendo a nova geração de líderes; contribuir para a formação de alianças externas ao longo da cadeia produtiva dos negócios da empresa.

- O conceito de Competência – entendida como conjunto de conhecimentos, habilidades e atitudes associadas aos objetivos do negócio na conquista dos resultados.

- Na utilização do modelo de gestão por competências, além de um plano de desenvolvimento estruturado, várias outras ações podem ser implementadas, como um sistema de avaliação de performance, uma política de remuneração, perfis profissionais para seleção, além do desenvolvimento de uma cultura que incentive as pessoas a acreditar e valorizar determinadas competências e buscar o autodesenvolvimento para atingir resultados diferenciados, fazendo com que se crie um ciclo permanente de aprendizagem e crescimento. No entanto, acreditamos que a gestão por competência, enquanto modelo de desenvolvimento, não se aplica a todos os modelos de negócio.

- Relatos de casos que envolvem o recrutamento e até a formação de profissionais com atividades multifacetadas (o profissional como consultor interno).

- A dinâmica das empresas: a parceirização, a quarteirização, ou seja, a adoção das mais variadas sistemáticas e metodologias de trabalho.

- Os diversos tipos de empresa, como as tradicionalistas (modelo burocrático, processos lentos), as emergentes (inovações permeando todo o sistema, processos rápidos em tempo real) e as públicas, que contemplam dois segmentos, totalmente diferenciados, não só em termos de gestão, como de vínculo e cultura empresarial (a mescla ou a ruptura do tradicional e do emergente).

- A Gestão por Competência pode ser utilizada como modelo de desenvolvimento, um dos caminhos pode ser o mapeamento das competências e a construção de um plano com prazos para aquisição e certificação das mesmas.

- Na Gestão por Competência, a avaliação passa a ser feita com o objetivo de orientar o desenvolvimento/crescimento dos colaboradores, ao mesmo tempo em que o trabalho também é desenvolvido. O seu sentido é o de "feedback", que permite ao gerente e aos colaboradores a autocorreção contínua das suas ações.

- Segundo os participantes do grupo torna-se difícil transferir estas bases para o contexto empresarial porque:
  - O individualismo ainda é uma característica da classe empresarial e a falta de qualificação dos gestores nesta metodologia associa-se a uma falta de estímulo político para a mudança.
  - A maioria dos gestores de negócio não tem claro o potencial do seu negócio.
  - A formação das pessoas nas Organizações ainda é encarada como um custo e não como um investimento.

Visitas Técnicas

1. Clínica Permanente – Serviços Odontológicos, de propriedade do colega Gilberto. O foco do relato ocorreu sobre o Sistema de Remuneração, o qual foi implantado em um processo de autogestão e embora seu autor (Gilberto), alegue desconhecimento teórico sobre o tema, a metodologia utilizada reflete a composição de fatores diversos como assiduidade, qualificação profissional, tempo de casa, dentre outros, utilizados com criatividade e eficiência.

   Foi ressaltada a importância da utilização de uma sistemática para monitoração e avaliação do processo produtivo da clínica.

   O seu objetivo maior é a implementação de melhorias referentes aos parceiros e à área administrativa, o que levaria à otimização do negócio, de maneira global. O fato de a clínica possuir uma clientela já formada, estrutura física adequada e própria, carteira de convênios, configuram-se pontos fortes, que deverão ser explorados durante o trabalho.

2. CETREL – Empresa de educação e preservação ambiental, com 230 empregados. Seu organograma é formado por 2 níveis, 6 times, 10 equipes e 5 áreas.

Implantação da metodologia: demanda surgida na pesquisa interna de Clima Organizacional em 1998 (um ano negociando com a diretoria). O desafio para o RH foi conscientizar os demais gestores a alocarem tempo para cuidar da gestão de pessoal.

Foi necessária uma mudança de paradigma nos enfoques: Estratégia Empresarial, Visão Integrada do Cargo, Planejamento de Carreira, Treinamento Direcionado, Remuneração por Competência, Avaliação de Desempenho (ter e saber, líder e liderado, gestores de carreira).

O Processo seguiu as fases de Implementação, Remuneração, Certificação, Formação Específica de Habilidade e Competência, Definição de Resultado dos Cargos, Análise de Processos, Formação de GT – Grupo de Trabalho, Comunicação. Atualmente a manutenção da metodologia ocorre nas áreas de: recrutamento e seleção, crescimento na carreira, análise crítica e aprendizado.

> *Dificuldades enfrentadas no início: resistência sindical, ausência de credibilidade pelos empregados, visão tradicional da liderança, compreensão de conceito e delimitação de responsabilidades.*
>
> *Ganhos para a empresa: transparência nas práticas, clareza nos critérios, participação do empregado, intranet, justiça nas questões salariais, motivação das pessoas, aprimoramento das lideranças, impacto na folha = 1,5% anual (antes o triênio chegava a 10%).*

Palestras:

- *Novas Tendências na Gestão de Pessoas* – por Elizabeth França, com o objetivo de contextualizar os atuais desafios da área de RH.
- *Processo de Seleção de Talentos Humanos* – por Márcia Valência, com o Case da Hotelaria Accor.
- *Base Conceitual da Gestão por Competência* – por Antonio Castilho.
- *Mudança Organizacional* – por Mino, apresentando o trabalho de Huber Gilck.
- *Estudo de Pessoas, Desempenho e Salário* – por Suzana Laniado.

Grupo Inovações em Gestão de Pessoas – I Encontro dos Grupos de Estudo – 1/8/2002.

Estudos/Pesquisas

Sinopse dos livros feita por Márcia Prudente:

• Green, C. Paul: *Desenvolvendo Competências Consistentes – Como Vincular Sistemas de RH a Estratégias Organizacionais.*

• Fleury, Alonso e Maria Tereza: *Estratégias Empresariais e Formação de Competências – Um Quebra-Cabeça – Caleidoscópio da Indústria Brasileira.*

• Hipólito, José Antônio Monteiro: *Administração Salarial – A Remuneração por Competências como Referencial Competitivo.*

I. Fonte: O Livro das Competências
Ênio Resende – Qualitymark Editora, 2000.

Competência:

- "Capacidade de quem é capaz de apreciar e resolver certo assunto, fazer determinada coisa": **dicionário de Aurélio B. Holanda**.

- "Observáveis características individuais – conhecimentos, habilidades, objetivos, valores – capazes de predizer/causar efetiva ou superior performance no trabalho ou em outra situação de vida": **David C. McClelland**.

- "Competência no trabalho é uma destacada característica de um empregado – que pode ser motivo, habilidade, conhecimento, auto-imagem, função social – que resulta em efetiva e/ou superior performance": **Boyatzis** – colega de McClelland nas pesquisas sobre identificação e avaliação de competências.

- "Competência é a capacidade de transformar conhecimentos e habilidades em entrega": *Joel Dutra*.

- "Competências são atributos pessoais que distinguem pessoas de altas performances de outras, num mesmo trabalho."

- "Pessoas competentes são aquelas que obtêm resultados no trabalho, nos empreendimentos, utilizando conhecimentos e habilidades adequados."

O conceito de competência se aplica a uma característica ou a um conjunto de características ou requisitos. Conhecimento ou uma só habilidade ou aptidão, indicados como uma condição capaz de produzir efeitos de resultados, de solução de problemas, podem ser chamados de competência.

Competência é a transformação de conhecimentos, aptidões, habilidades, interesse, vontade, etc., em resultados práticos. Ter conhecimento e experiência e não saber aplicá-los em favor de um objetivo, de uma necessidade, de um compromisso, significa não ser competente, no sentido aqui destacado.

Competência é, portanto, resultante da combinação de conhecimentos com comportamentos. Conhecimentos que incluem formação, treinamento, experiência, autodesenvolvimento. Comportamento que engloba habilidades, interesse, vontade.

II. Fonte: Estratégias Empresariais e Formação de Competências
Afonso Fleury e Maria Tereza Leme Fleury

- Competência – Qualidade ou estado de ser funcionalmente adequado ou ter suficiente conhecimento, julgamento, habilidades ou força para determinada atividade: *dicionário Webster – língua inglesa*.

- Capacidade para resolver qualquer assunto, aptidão, idoneidade; capacidade legal para julgar pleito: *novo dicionário Aurélio Buarque de Holanda Ferreira*.

- Conhecimentos, habilidades, atitudes – variáveis de input – e outros, à tarefa, aos resultados – variáveis de output: **McLagan**.

- Competency – áreas de trabalho nas quais a pessoa é competente; desempenho no cargo; resultados, produtos; output; hard: **Woodruffe – língua inglesa**.

- Capacitações e competências – **Krogh e Ross**, citando Khun – comentam estar diante da transição entre paradigmas, mas que provavelmente não há muita diferença entre as definições.

- Conjunto de conhecimentos, habilidades, atitudes que afetam a maior parte do trabalho; a competência pode ser mensurada, quando comparada com padrões estabelecidos e desenvolvida por meio do treinamento: **Parry e profissionais de RH** – implicitamente têm como referência a tarefa e o conjunto de tarefas prescritas a um cargo.

- Capacidade de a pessoa assumir iniciativas, ir além das atividades prescritas, ser capaz de compreender e dominar novas situações no trabalho, ser responsável e ser reconhecida por isso: **Zarifian** – não se limita, portanto, a um estoque de conhecimentos teóricos e empíricos detidos pelo indivíduo, nem se encontra encapsulada na tarefa.

- Três eixos formados pela pessoa: sua biografia, socialização; por sua formação educacional e por sua experiência profissional; conjunto de aprendizagens sociais comunicacionais nutridas à montante pela aprendizagem, formação, e à jusante pelo sistema de avaliações; e um saber agir responsável e que é reconhecido pelos outros; implica saber como mobilizar, integrar e transferir os conhecimentos, recursos e habilidades, num contexto profissional determinado: **Le Boterf**.

- Nos tempos medievais, os alquimistas procuravam transformar metais em ouro; hoje, os gerentes e as empresas procuram transformar recursos e ativos em lucro. Uma nova forma de alquimia é necessária às organizações. Vamos chamá-la de competência: **Durand**.

- Para serem essenciais – *Core competences* – deveriam responder a três critérios: oferecer reais benefícios aos consumidores, ser difícil de imitar e prover acesso a diferentes mercados – capacidade de combinar, misturar e integrar recursos em produtos e serviços.

• Diferentes competências em uma organização, ligadas ao processo de trabalho de operações industriais: Competências sobre processos; técnicas; sobre a organização; de serviço; sociais – **Zarifian**.

• Estratégias por meio das quais as empresas podem relacionar-se e competir no mercado: excelência operacional; inovação no produto; orientada para o serviço. *Definindo sua estratégia competitiva, a empresa identifica as competências essenciais do negócio e as competências necessárias a cada função.* Por outro lado, a existência dessas competências possibilita as escolhas estratégicas feitas pela empresa.

Passando do nível mais estratégico de formação das competências organizacionais para o nível da formação das competências do indivíduo – relação do indivíduo com toda a empresa – perspectiva sistêmica: competências de negócio – visão estratégica, planejamento; *técnico-profissionais* – conhecimentos específicos; *sociais* – comunicação, negociação, trabalho em equipe.

Gerindo o Conhecimento

Para saber como desenvolver as competências em uma organização é necessário percorrer o caminho que vai da aprendizagem individual para a aprendizagem em grupo e para a aprendizagem na organização.

A aprendizagem é um processo neural complexo que leva à construção de memórias.

As emoções e os afetos regulam o aprendizado e a formação de memórias.

Aprendizagem pode ser então pensada como um processo de mudança, provocado por estímulos diversos, mediado por emoções, que pode vir ou não a se manifestar em mudança no comportamento da pessoa.

Como as pessoas aprendem e desenvolvem as competências necessárias à organização e a seu projeto profissional?

Le Boterf: Processo de Desenvolvimento de Competências

Tipo	Função	Como Desenvolver
Conhecimento teórico	Entendimento, interpretação	Educação formal e continuada
Conhecimento sem procedimentos	Saber como proceder	Educação formal e continuada e experiência profissional
Conhecimento empírico	Saber como fazer	Experiência profissional
Conhecimento social	Saber como se comportar	Experiência profissional e social
Conhecimento cognitivo	Saber como lidar c/informação, aprender	Educação formal e continuada e experiência profissional e social

A aquisição de conhecimentos e o desenvolvimento de competências podem ocorrer por processos proativos ou reativos.

A gestão do conhecimento está imbricada nos processos de aprendizagem nas organizações e, assim, na conjugação desses três processos: aquisição e desenvolvimento de conhecimentos, disseminação e construção de memórias, em um processo coletivo de elaboração das competências necessárias à organização.

A década de 90, com seus desafios de crescente competitividade e globalização das atividades, levou ao alinhamento definitivo das políticas de gestão de recursos humanos às estratégias empresariais, incorporando à prática organizacional o conceito de competência, como base do modelo para o gerenciamento de pessoas.

III. Fonte: Administração Salarial: A Remuneração por Competências como Diferencial Competitivo

José Antônio Monteiro Hipólito.
Competência enquanto elemento de vantagem competitiva

- Origem da vantagem competitiva: A capacidade da organização em inovar e evoluir, a qual se desenvolve como resposta às pressões e aos desafios por ela enfrentados em sua relação com o ambiente. O ambiente exerce fundamental influência na determinação das fontes de vantagem competitiva à medida que impele – mais ou menos fortemente – à busca por inovação e estimula respostas da empresa com base em seus valores, cultura, estrutura econômica e história: **Michael Porter**.

- Ao desenharem suas estratégias, as organizações necessitam olhar para dentro, para seus recursos internos e capacidades: **Prahalad e Hamel**.

- Pesquisas sobre mudança estratégica – Existência de ligação clara entre a performance no negócio e o desenvolvimento de habilidades: **Sparrow e Bognanno**.

- A perspectiva baseada na análise dos recursos internos sustenta-se em fatores não-compráveis, intangíveis, específicos da empresa e não-visíveis: **Krogh e Roos**.

- O desenvolvimento de recursos e competências internas à empresa é superior para a adaptação ao mercado, mesmo que um melhor entendimento das ligações entre o ambiente competitivo e as competências essenciais – *core competences* – da organização, seja necessário: **Durand e Quelin**.

- Competências essenciais: O aprendizado coletivo na organização, especialmente como coordenar diversas habilidades de produção e integrar múltiplas correntes tecnológicas: **Prahalad e Hamel**.

- Para ser considerada essencial, uma competência deve ser capaz de dar à empresa significativo potencial de vantagem competitiva sustentável, e possuir como características o oferecimento de benefícios reais aos clientes, ser difícil de imitar e prover acesso a uma variedade de mercados: **Durand**.

- Para que essas competências efetivamente adquiram a propriedade de competência essencial e possibilitem a manutenção de vantagem competitiva ao longo do tempo, é necessário que elas estejam associadas a um sistemático processo de aprendizagem, que envolve descobrimento, inovação e capacitação dos recursos humanos. Torna-se possível, então, estabelecer um círculo virtuoso, no qual a organização explora e desenvolve suas competências fortes de maneira consistente com as estratégias competitivas e as demandas de mercado e as utiliza na definição de sua estratégia: **Fleury e Fleury**.

- A remuneração por competências dos indivíduos tem sido vista por alguns autores como um passo natural na evolução dos sistemas de pagamento baseados em habilidades, cuja essência consiste na identificação, avaliação, desenvolvimento e reconhecimento de habilidades e conhecimentos que os profissionais devem ter para desempenhar atribuições inerentes a suas posições. A principal diferença dessa proposição em relação ao conceito de pagamento por habilidades constitui-se do público que pretende atingir: *enquanto a remuneração por habilidades foca primordialmente profissionais em posições operacionais, a competência tem como alvo profissionais em posições técnicas e gerenciais ou profissionais em posições que envolvam a aplicação de conhecimento:* **Ledford Jr., Caudron**.

• Os autores adeptos desta abordagem definem competência como *o conjunto de conhecimentos, habilidades e atitudes – ou conjunto de capacidades humanas – que justificam uma alta performance, acreditando que as melhores performances estão lastreadas na inteligência e na personalidade das pessoas*. Trata-se, então, de uma característica interna – profunda e parte da personalidade individual – que leva à performance superior, em determinado trabalho: **Spencer e Spencer** apud **Woodruffe; Boyatzis** apud **Lawer III; McLagan**.

Embora o foco de análise seja o indivíduo – o dono da competência – a maior parte dos autores sinaliza para a importância de um alinhamento entre este conjunto de capacidades humanas – ou competências – e as necessidades estabelecidas pelos cargos ou posições existentes nas organizações.

• Competências – *Um cluster de conhecimentos, habilidades e atitudes relacionados que afetam a maior parte de um cargo – um papel ou responsabilidade – que se correlacionam com a performance do cargo, que possam ser medidos contra parâmetros bem aceitos, e que podem ser melhorados através de treinamento e desenvolvimento:* **Parry**.

• Sem consenso: acreditam na independência desses fatores, pois competência sendo característica da pessoa pode ser levada de um cargo para outro: **Ledford Jr**.

Têm em comum o fato de sinalizarem para competência como um estoque de repertórios diferindo em sua forma de operacionalização.

• Um traço ou característica requerida pelo ocupante de um cargo para desempenhá-lo bem: **Caudron**.

• Competências: Estoque de recursos – conhecimentos, habilidades, atitudes, traços de personalidade – acumulados como resultado de um fluxo de aprendizagem: **Durand**.

Considerações

O projeto dos grupos visou contribuir para a transformação de atitudes e comportamentos dos participantes, dirigentes e parceiros sociais, enfocando a mudança e o reforço da competitividade, através da Inovação Organizacional e da gestão de recursos humanos.

A prática de Grupos de Estudo não se trata de uma iniciativa muito freqüente na Bahia devido à ausência de entidades que incentivem e abram espaços com políticas participativas. Parece, no entanto, que o Projeto Grupos de Estudo da ABRH-BA iniciou um importante movimento de mudança, como de resto indica o fato de alguns dos participantes desenvolverem iniciativas de continuidade ao projeto, através de implantação da metodologia nos seus espaços profissionais ou através de parcerias numa plataforma de trabalho em rede, nos domínios da Inovação Organizacional e Gestão de Pessoas.

Grupo VII

Holos – Uma Nova Visão do Ser Humano

Componentes

- Blandina Brito
- Dagmar Abreu
- Débora Carolina Abreu Pires
- Gilberto Ramos N. Júnior
- João Marciano Neto
- **Kau Mascarenhas** (Patrono)
- Maria Amélia
- **Maria Conceição De Man** (Coordenadora)
- Mônica Campos Santos
- Virgínia Carvalho

Grupo Holos – Uma Nova Visão do Ser Humano – Nossa História

> *"O ser humano, menos que um habitante na Terra ou no Universo, é sobretudo uma dimensão da Terra e de fato do próprio Universo; a formação do nosso modo de ser depende do apoio e da orientação dessa ordem universal."*

Em março de 2002 foi iniciado o processo de reflexões e discussões realizadas até dezembro do mesmo ano, onde o grupo foi detalhando o seu plano de trabalho.

Em sua ementa, elegeu os seguintes componentes de trabalho:

- A abordagem holística do ser humano em seus aspectos psicológico, físico, social, sua forma de interação com o meio e suas implicações.

- Busca de reflexão por meio de uma visão ampla do ser humano que possibilita aprendizagem significativa acerca das relações intra e interpessoais.

O Grupo Holos elegeu entre seus objetivos:

- Fomentar o entendimento da visão holística como forma de compreender o ser humano em sua totalidade.

- Reconhecer a importância da visão holística para o despertar da consciência socioambiental e compreensão da responsabilidade planetária.

- Buscar desenvolver estratégias que promovam o crescimento pessoal e profissional bem como viabilizar recursos com aplicabilidade organizacional.

- Analisar do ponto de vista holístico o ser humano e sua interação grupal e organizacional.
- Refletir a respeito da afetividade, espiritualidade, prazer e relações no contexto das organizações.

Entre os conteúdos selecionados para a discussão, de grande valia para o enriquecimento dos estudos, contamos com a colaboração de Kau Mascarenhas e Conceição Maria De Man: Holística/PNL/Afetividade, Espiritualidade e Prazer no Trabalho/Relações Intra e Interpessoais/O Ser Humano/Competência Interpessoal/Ser & Ter/Valores Humanos.

O trabalho monográfico de Débora Carolina Abreu Pires, intitulado *Paradigma Holístico nas Organizações – Uma Questão de Aprendizagem*, foi amplamente discutido e contribuiu de forma significativa com a sua abordagem e fundamentação teórica para o início das discussões e debates.

As temáticas a seguir também foram de grande valia para o aprofundamento dos estudos:

- A Dimensão da Comunicação.
- Arrancar Máscaras! Abandonar Papéis! – *John Powell, S. J. & Loretta Brady, M. S. W.*
- Movimento Holístico – Breve Histórico.
- Experiências em Comunicação.
- Exibição de filmes e vídeos.

Em sua metodologia de trabalho, foram realizadas exposições dialogadas entre os participantes, antecedidas de leituras domiciliares que contribuíram para a articulação entre o teórico e o prático possibilitando a elaboração de sumários, sínteses e artigos como resultado do estudo grupal. A avaliação processual e contínua, tendo como indicadores a participação e produção grupal durante as atividades desenvolvidas.

Ao término dos estudos o grupo, de forma a despertar outras dimensões adormecidas em cada participante, resolveu criar um espetáculo com apresentação em artes cênicas do resumo de todas as experiências vivenciadas em seu processo de discussão.

Alguns participantes escreveram para jornais e/ou revistas com textos sintonizados com a proposta da divulgação da concepção holística.

Texto-síntese que serviu de base para o espetáculo apresentado no dia 1 de agosto de 2002, no I Encontro dos Grupos de Estudo, realizado no Auditório dos Correios. Nesta data, o grupo apresentou em linguagem teatral toda a sistematização dos estudos realizados no decorrer do processo.

A partir de um roteiro elaborado por Dagmar Abreu, com as contribuições dos participantes, foi montada uma apresentação onde se refletiu de forma bastante pertinente sobre o ser humano e as múltiplas relações com o Universo. A apresentação foi o destaque do Encontro, pela ousadia do grupo em inovar, utilizando a arte cênica. Os participantes demonstraram coragem e originalidade, ao interpretar situações de contradições do mundo contemporâneo e a necessidade do ser humano superar a fragmentação e recuperar a unidade da pessoa humana, buscando conexões e equilíbrio. Participaram da apresentação: Kau Mascarenhas, Conceição De Man, Blandina Brito, Débora Pires, Gilberto Ramos, João Marciano Neto, Maria Amélia, Mônica Campos, Virgínia Carvalho. Crianças: Breno, Paloma, Rebeca, Sara e Vinícius, com direção e roteiro de Dagmar Abreu:

Acompanhando as transformações na história da humanidade,
percebemos que o Homem foi dominando a natureza,
revolucionando a técnica e a ciência.
Do mais simples objeto às invenções atuais,
muitas vezes a ficção científica se mistura com a realidade.
Do transplante à clonagem, algumas ações e atitudes
parecem inacreditáveis.
No entanto, em nossa volta, temos os terríveis subprodutos
desse desenvolvimento: miséria, violência, medo.
Acumulamos conhecimentos em quantidade.
Mas, sem sabedoria para usá-los, podemos destruir, e ao mundo
em que habitamos.
Vivemos, no entanto, o limiar de uma nova consciência.
Uma nova maneira de ver as coisas:
a ciência, a filosofia, a arte e a religião.
Somos pessoas privilegiadas
e personagens principais de mais um ato da "comédia humana".
Portanto, deixemos de lado a indiferença...

*Somos convocados a colar as partes que a humanidade separou.
A crise da fragmentação chegou a limites extremos
e ameaça a sobrevivência de todas as formas
de vida sobre a Terra. Ignoramos o óbvio:
não haverá uma segunda Terra para ser destruída.
"Quebramos a unidade do conhecimento
e distribuímos os pedaços entre os especialistas.
Para os cientistas, demos a natureza;
aos filósofos, a mente;
aos artistas, o belo;
aos teólogos, a alma."
A maior ameaça: fragmentamos o homem:
corpo, emoção, razão e intuição.
Recuperar a unidade perdida é a nossa grande tarefa.
Nosso grande inimigo não é o estrangeiro.
Ele mora dentro de nós!*

Texto integrante da primeira apresentação do Grupo Holos, no I Encontro dos Grupos de Estudo, em 1/8/2002.

Grupo Holos – Uma Nova Visão do Ser Humano – I Encontro dos Grupos de Estudo – Apresentação por Conceição De Man, do material produzido pelo Grupo – 1/8/2002.

Contemplo o vaivém da natureza, no meu jardim que é pequeno mas resume todos os milagres.

Mal se poderia acreditar, há alguns dias ainda, que desse capim banal, desse canteiro escuro, dessa planta fechada sobre si mesma voltariam a brotar luz, cor e tão fantásticos desenhos.

Mas numa manhã, quando eu passava diante da velha árvore distraído com meu trabalho, chave do carro na mão, agenda, alguém chama do alto da escada:

– Olha ali, a flor que nasceu durante a noite.

Se não me chamassem talvez eu, entretida com tantas tarefas inadiáveis, não tivesse percebido a delicadeza de tons e contornos, logo ali acima de minha cabeça.

Virei o rosto para a flor e adiei todos os compromissos, larguei a bolsa na mesa do jardim e fiquei um tempo sem medidas, olhando a beleza tão próxima, tão simples e tão entregue e, ao mesmo tempo, tão solene.

Foi há vários dias, mas continua aqui em mim, em meus olhos e vai me acompanhar por muito tempo. Tive um vislumbre da importância do momento da eficácia com que a vida às vezes nos toca e nos lembra de que estamos vivos, de que devemos dizer hoje a palavra esperada, fazer hoje o gesto prometido, *amanhã poderá ser tarde ou estaremos todos distraídos demais.*

LYA LUFT

Letra da música integrante da trilha sonora da primeira apresentação do Grupo Holos:

Depende de nós...
quem já foi ou ainda é criança
que acredita ou tem esperança,
quem faz tudo pra um mundo melhor
Depende de nós...
que o circo esteja armado
que o palhaço esteja engraçado,
que o riso esteja no ar
sem que a gente precise sonhar.
Que os ventos cantem nos galhos,

que as flores bebam o orvalho,
que o sol descortine mais as manhãs.
Depende de nós...
se esse mundo ainda tem jeito,
apesar do que o HOMEM tem feito,
se a vida sobreviverá.

[Ivan Lins/Victor Martins]

O Grupo Holos – Uma Nova Visão do Ser Humano, no segundo semestre de 2002, continuou com suas discussões, inclusive com planejamento de intervenções mais eficazes com relação a propostas de trabalho quanto à utilização de recursos naturais e movimento de mudança de atitudes/postura ecológica. Participou do II Encontro dos Grupos de Estudos, realizado pela ABRH em dezembro/2002.

Em 2003, por conta do novo momento vivido pelo patrono e coordenador e dos compromissos profissionais vividos pela maioria dos integrantes, o Grupo Holos encerrou suas atividades, deixando uma contribuição significativa para as discussões acerca desta temática.

Referências Bibliográficas

BOFF, Leonardo. *A Águia e a Galinha: Uma metáfora da condição humana*. Rio de Janeiro: Vozes, 1997.

BERGAMINE, Cecília. *Psicodinâmica da Vida Organizacional*. São Paulo: 2ª edição, Atlas, 1997.

CHIAVENATO, Idalberto. *Recursos Humanos*. Ed Compacta, 6ª edição. São Paulo: Atlas, 2000.

MOSCOVICI, Fela. *Desenvolvimento Interpessoal: Treinamento em Grupo*. 9ª edição. Rio de Janeiro: José Olympio, 2000.

_____. *Razão & Emoção: A Inteligência Emocional em Questão*. Salvador: Casa da Qualidade, 1997.

_____. Renascença Organizacional. 6ª edição. Rio de Janeiro: José Olympio, 1996.

MARTINELLI, Marília. Aulas da Transformação: *O Programa de Educação em Valores Humanos*. São Paulo: Petrópolis, 1946.

MATOS, Ruy de A. *De Recursos a Seres Humanos*. Livre Editora.

WEIL, Pierre. *O Corpo Fala: A Linguagem Silenciosa da Comunicação não Verbal*. Petrópolis: Vozes, 1986.

_____. *Relações Humanas, na Família e no Trabalho*. Petrópolis, 1997.

Material Utilizado na Construção Grupal

REGIMENTO INTERNO

GRUPOS DE ESTUDO DA ASSOCIAÇÃO BRASILEIRA DE RECURSOS HUMANOS – SECCIONAL BAHIA

Capítulo I
Da Caracterização

Art. 1º – A ABRH-BA, através da sua Diretoria Técnica, propõe aos seus associados a formação de Grupos de Estudo, constituídos por blocos temáticos, levando em consideração as atuais tendências do mercado.

Art. 2º – A Diretoria Técnica propõe inicialmente a criação dos seguintes grupos:

a) Inovações em Gestão.

b) Jogos Empresariais.

c) Holos – Uma Nova Visão do Ser Humano.

d) Cidadania Empresarial.

e) Recrutamento e Seleção de Talentos.

f) Treinamento e Desenvolvimento.

g) Saúde Ocupacional.

h) Gestão da Remuneração.

i) RH. Hotelaria.

j) Mão-de-Obra Temporária e Terceirização de Serviços.

§ 1º. Poderão ser formados tantos grupos quanto forem necessários, bastando que haja demanda específica no estudo de novas tendências na área de Gestão de Pessoas, assim como só serão mantidos aqueles que forem do interesse dos associados da ABRH-BA.

§ 2º. Poderão ser formados grupos fechados de segmentos diversos, bastando que haja demanda específica para tal (exemplo: Grupo RH Automotivo, Grupo RH Saúde, etc.).

§ 3º. Haverá também a possibilidade de fusão, no processo de construção dos grupos.

Capítulo II
Dos Objetivos

Art. 3º – São objetivos dos Grupos de Estudo:

I – Promover a integração, a geração de novos saberes e a troca de experiências entre as organizações, entidades públicas e privadas e entre elas e a ABRH-BA, através da discussão das inovações e tendências na área de Gestão de Pessoas, objetivando o crescimento e o desenvolvimento do seu capital humano e social.

II – Proporcionar condições para que, através das discussões e da aprendizagem, os associados possam realizar comparações, análises, sínteses e reflexões, exercitando o pensamento criativo e lógico, com o objetivo de gerar novos conteúdos pertinentes à sua área de atuação na empresa.

III – Produzir material técnico-científico, visando a sua publicação sob forma de coletânea de textos/artigos ou sob forma de livro, no término da gestão 2001-2003.

Capítulo III
Da Composição e das Competências

Art. 4º – Os Grupos de Estudo serão formados por associados da ABRH-BA (pessoas física e jurídica), que possuam formação e/ou experiência na área de Gestão de Pessoas.

Art. 5º – Os grupos ficarão sob a responsabilidade de profissionais com perfil e especialização na área e que tenham identificação com os referidos conteúdos.

Art. 6º – Cada grupo terá um número recomendável de 25 (vinte e cinco) participantes, assim distribuídos:

a) Coordenador.

b) Vice-Coordenador.

c) 1º Secretário.

d) 2º Secretário.

e) Profissionais da área de Gestão de Pessoas.

Parágrafo Único – Para que os associados possam participar dos grupos escolhidos, faz-se necessário que eles estejam com o pagamento das suas mensalidades regularizado.

Art. 7º – A inscrição para os Grupos de Estudo poderá ser feita através de formulário existente no site da ABRH-BA (**www.abrhba.com.br**) ou pessoalmente na sede da associação, situada na Av. Tancredo Neves nº 274 – Centro Empresarial Iguatemi – Bloco A – 5º andar – sala 536 – Iguatemi.

Art. 8º – Cada Grupo de Estudo terá um PATRONO (autoridade na área de Gestão de Pessoas), convidado pela ABRH-BA, que terá a responsabilidade de conduzir o grupo ao seu crescimento e desenvolvimento, além de contribuir tecnicamente para o seu fortalecimento enquanto grupo.

Art. 9º – Cada Grupo de Estudo terá um COORDENADOR, convidado pela ABRH-BA, com as seguintes competências:

I – Oferecer aporte técnico-científico às discussões sobre os temas selecionados pelo grupo.

II – Dirigir e coordenar as atividades do grupo, observando as normas do presente Regimento Interno.

III – Responder pelo Grupo de Estudo perante a Diretoria Técnica da ABRH-BA.

IV – Providenciar apoio instrucional que garanta a continuidade do grupo.

V – Providenciar no final de cada encontro, junto aos 1º e 2º Secretários, a produção do material escrito sobre o tema desenvolvido, encaminhando-o à Diretoria Técnica da ABRH-BA.

VI – Outras atividades correlatas.

Parágrafo Único: Na ausência ou no impedimento do Coordenador, as suas funções serão exercidas pelo Vice-Coordenador.

Art. 10 – Compete ao 1º Secretário:

I – Redigir o material técnico, resultado das discussões e contribuições do grupo.

II – Manter o cadastro dos membros do grupo.

III – Disponibilizar e controlar a lista de correio eletrônico para uso das comunicações entre os participantes do grupo.

IV – Responsabilizar-se pela assinatura da Folha de Freqüência pelos membros do grupo, a cada encontro mensal.

V – Outras atividades correlatas.

Parágrafo Único – Na ausência ou no impedimento do 1º Secretário, as suas funções serão exercidas pelo 2º Secretário.

Art. 11 – O Vice-Coordenador e os 1º e 2º Secretário de cada grupo para o período 2002-2003 serão eleitos pelos próprios membros, por ocasião da primeira reunião agendada para março de 2002.

Capítulo IV
Do Funcionamento e da Dinâmica dos Encontros

Art. 12 – Os Grupos de Estudo se reunirão uma vez ao mês, de março a dezembro de 2002 e 2003, com duração mínima de 03 (três) horas e com conteúdo previamente agendado.

§ 1º – Os Coordenadores de grupo ficarão responsáveis pela logística dos encontros, provendo os recursos que se fizerem necessários ao desenvolvimento dos eventos.

§ 2º – Os participantes deverão ter uma freqüência mínima de 80% nos dez encontros mensais a cada ano.

Art. 13 – No primeiro encontro de cada grupo, o Coordenador deverá elaborar, junto com os participantes, cronograma anual com os temas a serem estudados mensalmente, bem como agendar as empresas que se responsabilizarão por cada um desses encontros.

Art. 14 – Deverá ser estabelecida uma agenda básica para cada encontro, cuja sugestão contemple os seguintes tópicos:

I – Abertura (podendo ser feita pelo representante da empresa que estará recebendo o grupo).

II – Vivência de Integração (que poderá ser conduzida por alguém do grupo).

III – Palestra ou Apresentação de Case (conteúdo agendado previamente).

IV – Sessão de perguntas.

V – Produção do material discutido (redação do material técnico-científico estudado naquele encontro).

VI – Validação do próximo tema e distribuição de tarefas.

VII – Avaliação de processo e conteúdo.

§ 1º – A agenda básica dos encontros dos grupos ficará a critério dos seus respectivos coordenadores, que terão total liberdade e autonomia quanto à sua forma de condução.

§ 2º – Cada grupo deverá apresentar à Diretoria Técnica da ABRH-BA material produzido nos encontros mensais, independente de sua apresentação nos encontros trimestrais.

Art. 15 – Trimestralmente, todos os grupos se reunirão para apresentação do material produzido nos encontros mensais, bem como para a promoção da integração entre os seus participantes.

Parágrafo Único: Nos encontros trimestrais deverão estar presentes também os Patronos, Coordenadores, Diretores da ABRH-BA, Membros dos Conselhos e convidados.

Art. 16 – Será de responsabilidade de cada grupo o convite aos palestrantes para os encontros (palestras, discussão de temas ou apresentação de cases), ficando a ABRH-BA isenta de qualquer contribuição financeira.

Capítulo V
Da Gestão dos Grupos

Art. 17 – Os recursos para os encontros mensais serão geridos pelos próprios grupos, que poderão buscar patrocínio nas suas próprias empresas.

Art. 18 – Os recursos para os encontros trimestrais deverão ser buscados através de patrocínio, pela ABRH-BA, Patronos e Coordenadores de Grupos e empresas participantes.

Art. 19 – A confecção e editoração do livro ou coletânea de textos/ artigos produzidos pelos grupos durante os vinte encontros ficará sob a responsabilidade da ABRH-BA, que buscará patrocínio através da ABRH Nacional e demais empresas filiadas à associação.

Capítulo VI
Das Disposições Gerais

Art. 20 – A Coordenação Geral dos Grupos ficará sob a responsabilidade da Diretoria Técnica da ABRH-BA, cujo papel será o de assessoramento e suporte aos referidos grupos.

Art. 21 – O suporte administrativo aos Grupos de Estudo ficará sob a responsabilidade da Gerência Executiva da ABRH-BA devendo ser tomadas todas as medidas necessárias ao seu pleno funcionamento.

Catarina Coelho Marques
Diretora Técnica da ABRH-BA

Questionário Nível Gerencial – RH Hotelaria

Prezado(a) Senhor(a)

Solicitamos alguns minutos do seu tempo para responder a todas as questões apresentadas, cujo resultado será utilizado para propostas de melhorias no setor hoteleiro. Agradecemos antecipadamente:

Grupo RH Hotelaria da ABRH-BA.

Por favor, assinale com um X a alternativa que melhor expresse o seu grau de concordância com a afirmação apresentada.

1. Apóio os colaboradores quando estão em dificuldades.

☐	☐	☐	☐
discordo completamente	discordo parcialmente	concordo parcialmente	concordo completamente

2. Os colaboradores assumem a responsabilidade pela execução das tarefas, definidas pela chefia.

☐	☐	☐	☐
discordo completamente	discordo parcialmente	concordo parcialmente	concordo completamente

3. O sistema de promoção existente no hotel não possibilita ao bom funcionário ascensão na carreira.

☐	☐	☐	☐
discordo completamente	discordo parcialmente	concordo parcialmente	concordo completamente

4. Incentivo os colaboradores a apresentarem sugestões para a melhoria da qualidade dos serviços do hotel.

☐	☐	☐	☐
discordo completamente	discordo parcialmente	concordo parcialmente	concordo completamente

5. O salário e os benefícios dos colaboradores são compatíveis com seus deveres e responsabilidades.

☐	☐	☐	☐
discordo completamente	discordo parcialmente	concordo parcialmente	concordo completamente

6. Não utilizo toda a habilidade e a capacidade dos meus colaboradores.

☐	☐	☐	☐
discordo completamente	discordo parcialmente	concordo parcialmente	concordo completamente

7. Incentivo a troca de apoio entre os colaboradores quando estão em dificuldades.

☐	☐	☐	☐
discordo completamente	discordo parcialmente	concordo parcialmente	concordo completamente

8. A carga horária semanal é exaustiva.

☐	☐	☐	☐
discordo completamente	discordo parcialmente	concordo parcialmente	concordo completamente

9. Elogio sempre o colaborador quando o seu desempenho atende as expectativas.

☐	☐	☐	☐
discordo completamente	discordo parcialmente	concordo parcialmente	concordo completamente

10. Tenho certeza de minha permanência neste hotel.

☐	☐	☐	☐
discordo completamente	discordo parcialmente	concordo parcialmente	concordo completamente

11. Não passo aos colaboradores informações sobre os acontecimentos importantes do hotel.

☐	☐	☐	☐
discordo completamente	discordo parcialmente	concordo parcialmente	concordo completamente

12. Os trabalhos que delego aos colaboradores são sempre oportunidades de desafios.

☐	☐	☐	☐
discordo completamente	discordo parcialmente	concordo parcialmente	concordo completamente

13. Não informo a meus colaboradores sobre a sua avaliação de desempenho.

☐	☐	☐	☐
discordo completamente	discordo parcialmente	concordo parcialmente	concordo completamente

14. Não transmito aos colaboradores os objetivos e as metas gerais do hotel.

☐	☐	☐	☐
discordo completamente	discordo parcialmente	concordo parcialmente	concordo completamente

15. Não é preocupação do hotel o crescimento dos seus colaboradores.

☐	☐	☐	☐
discordo completamente	discordo parcialmente	concordo parcialmente	concordo completamente

16. Enumere em grau de importância de 1 a 10, no quadrado ao lado de cada frase, sendo o número 1 para o fator mais importante e o número 10 para o menos importante, correspondente à sua avaliação de prioridade dos colaboradores em permanecerem em um trabalho.
    - ☐ Estabilidade no emprego.
    - ☐ Responsabilidade pela execução das tarefas.
    - ☐ Salário mais benefícios.
    - ☐ Trabalho como fonte de realização pessoal.
    - ☐ Bom relacionamento com os colegas.
    - ☐ Reconhecimento pela chefia.
    - ☐ Condições de trabalho.
    - ☐ Satisfação na realização do trabalho.
    - ☐ Possibilidade de obter promoção na empresa.
    - ☐ Atuação da chefia com justiça.

    Outros: _____

17. Por favor, faça um X ao lado da sua função ou funções no hotel e dos dados gerais abaixo:

    ☐ RECEPÇÃO
    ☐ Gerente de Recepção
    ☐ Chefe de Recepção
    ☐ VENDAS
    ☐ Gerente de Vendas
    ☐ Supervisor de Vendas

    ☐ GOVERNANÇA
    ☐ Governanta
    ☐ Supervisora

    ☐ GERÊNCIA GERAL

    ☐ FINANCEIRO
    ☐ Gerente Financeiro
    ☐ Supervisor Financeiro

    ☐ A&B
    ☐ Gerente de A&B
    ☐ Assistente A&B

    ☐ MANUTENÇÃO
    ☐ Gerente de Manutenção
    ☐ Supervisor Financeiro

    ☐ COZINHA
    ☐ Chefe de Cozinha
    ☐ Subchefe de Cozinha
    ☐ LAZER

DADOS GERAIS
Tempo de Hotel:
( ) Menos de 1 Ano ( ) De 1 a 3 Anos ( ) De 3 a 5 Anos ( ) De 5 a 10 Anos ( ) Mais de 10 Anos

Formação Escolar:
( ) 1º Grau Completo ( ) 1º Grau Incompleto ( ) 2º Grau Completo ( ) 2º Grau Incompleto

Sexo: ( ) Masculino ( ) Feminino

Idade:
( ) Menos de 20 Anos ( ) De 20 a 24 Anos ( ) De 25 a 29 Anos
( ) De 30 a 39 Anos ( ) De 40 a 49 Anos ( ) Mais de 50 Anos

Localização: ( ) Litoral Norte ( ) Salvador

Categoria: ( ) 5☆ Lazer ( ) 5☆ Executivo ( ) 3☆ Executivo

Questionário Nível Operacional – RH Hotelaria

Prezado(a) Senhor(a)

Solicitamos alguns minutos do seu tempo para responder a todas as questões apresentadas, cujo resultado será utilizado para propostas de melhorias no setor hoteleiro. Agradecemos antecipadamente:

Grupo RH Hotelaria da ABRH-BA.

Por favor, assinale com um X a alternativa que melhor expresse o seu grau de concordância com a afirmação apresentada.

1. Posso contar com o apoio da chefia quando estou em dificuldades.

☐	☐	☐	☐
discordo completamente	discordo parcialmente	concordo parcialmente	concordo completamente

2. Assumo a responsabilidade pela execução das tarefas definidas pela chefia.

☐	☐	☐	☐
discordo completamente	discordo parcialmente	concordo parcialmente	concordo completamente

3. No hotel não existe um sistema de promoções que possibilite ao bom funcionário subir na carreira.

☐	☐	☐	☐
discordo completamente	discordo parcialmente	concordo parcialmente	concordo completamente

4. A chefia incentiva os colaboradores a apresentarem sugestões para a melhoria da qualidade dos serviços do hotel.

☐	☐	☐	☐
discordo completamente	discordo parcialmente	concordo parcialmente	concordo completamente

5. O meu salário mais os benefícios são compatíveis com os meus deveres e responsabilidades.

☐	☐	☐	☐
discordo completamente	discordo parcialmente	concordo parcialmente	concordo completamente

6. O trabalho que executo no hotel não utiliza toda a minha habilidade e capacidade.

☐	☐	☐	☐
discordo completamente	discordo pqrcialmente	concordo parcialmente	concordo completamente

7. Posso contar com o apoio dos colegas quando estou em dificuldades.

☐	☐	☐	☐
discordo completamente	discordo parcialmente	concordo parcialmente	concordo completamente

8. A carga horária semanal é exaustiva.

☐	☐	☐	☐
discordo completamente	discordo parcialmente	concordo parcialmente	concordo completamente

9. Recebo elogios da chefia sempre que o meu desempenho atende as expectativas.

☐	☐	☐	☐
discordo completamente	discordo parcialmente	concordo parcialmente	concordo completamente

10. Tenho certeza de minha permanência neste hotel.

☐	☐	☐	☐
discordo completamente	discordo parcialmente	concordo parcialmente	concordo completamente

11. Não sou informado pela chefia sobre os acontecimentos importantes do hotel.

☐	☐	☐	☐
discordo completamente	discordo parcialmente	concordo parcialmente	concordo completamente

12. O tipo de trabalho que eu faço sempre me dá oportunidades de desafios.

☐	☐	☐	☐
discordo completamente	discordo parcialmente	concordo parcialmente	concordo completamente

13. Não sou informado pela chefia sobre a minha avaliação de desempenho.

☐	☐	☐	☐
discordo completamente	discordo parcialmente	concordo parcialmente	concordo completamente

14. Não conheço os objetivos e as metas gerais do hotel.

☐	☐	☐	☐
discordo completamente	discordo parcialmente	concordo parcialmente	concordo completamente

15. Não é preocupação do hotel o crescimento dos seus colaboradores.

☐	☐	☐	☐
discordo completamente	discordo parcialmente	concordo parcialmente	concordo completamente

16. Enumere em grau de importância de 1 a 10 no quadrado ao lado de cada frase, sendo o número 1 correspondente ao item que você acha mais importante para permanecer em um trabalho e o número 10 o menos importante.
    ☐ Estabilidade no emprego.
    ☐ Responsabilidade pela execução das tarefas.
    ☐ Salário mais benefícios.
    ☐ Trabalho como fonte de realização pessoal.
    ☐ Bom relacionamento com os colegas.
    ☐ Reconhecimento pela chefia.
    ☐ Condições de trabalho.
    ☐ Satisfação na realização do trabalho.
    ☐ Possibilidade de obter promoção na empresa.
    ☐ Atuação da chefia com justiça.
    Outros: _____

17. Por favor, faça um X ao lado da sua função ou funções no hotel e dos dados gerais abaixo:

    ☐ RECEPÇÃO   ☐ Telefonista   ☐ VENDAS   ☐ Assistente
                       ☐ Recepcionista   ☐ Reservas

    ☐ GERÊNCIA GERAL   ☐ Mensageiro   ☐ GOVERNANÇA   ☐ Camareira
                       ☐ Estagiário   ☐ Serviços Gerais

                                              ☐ FINANCEIRO   ☐ Faturista
                                                              ☐ Office-Boy

                       ☐ Garçom   ☐ Técnico de Manutenção
                       ☐ Cozinheiro   ☐ MANUTENÇÃO   ☐ Técnico de Refrigeração
    ☐ A&B   ☐ Ajudante de Cozinha
                       ☐ Copeiro   ☐ LAZER   ☐ Almoxarife
                       ☐ Auxiliar de Limpeza   ☐ Porteiro

DADOS GERAIS
Tempo de Hotel:
( ) Menos de 1 Ano ( ) De 1 a 3 Anos ( ) De 3 a 5 Anos ( ) De 5 a 10 Anos ( ) Mais de 10 Anos

Formação Escolar:
( ) 1º Grau Completo ( ) 1º Grau Incompleto ( ) 2º Grau Completo ( ) 2º Grau Incompleto

Sexo: ( ) Masculino ( ) Feminino

Idade:
( ) Menos de 20 Anos ( ) De 20 a 24 Anos ( ) De 25 a 29 Anos
( ) De 30 a 39 Anos ( ) De 40 a 49 Anos ( ) Mais de 50 Anos

Localização: ( ) Litoral Norte ( ) Salvador

Categoria: ( ) 5☆ Lazer ( ) 5☆ Executivo ( ) 3☆ Executivo

Folder do Seminário de Responsabilidade Social
Grupo de Cidadania Empresarial

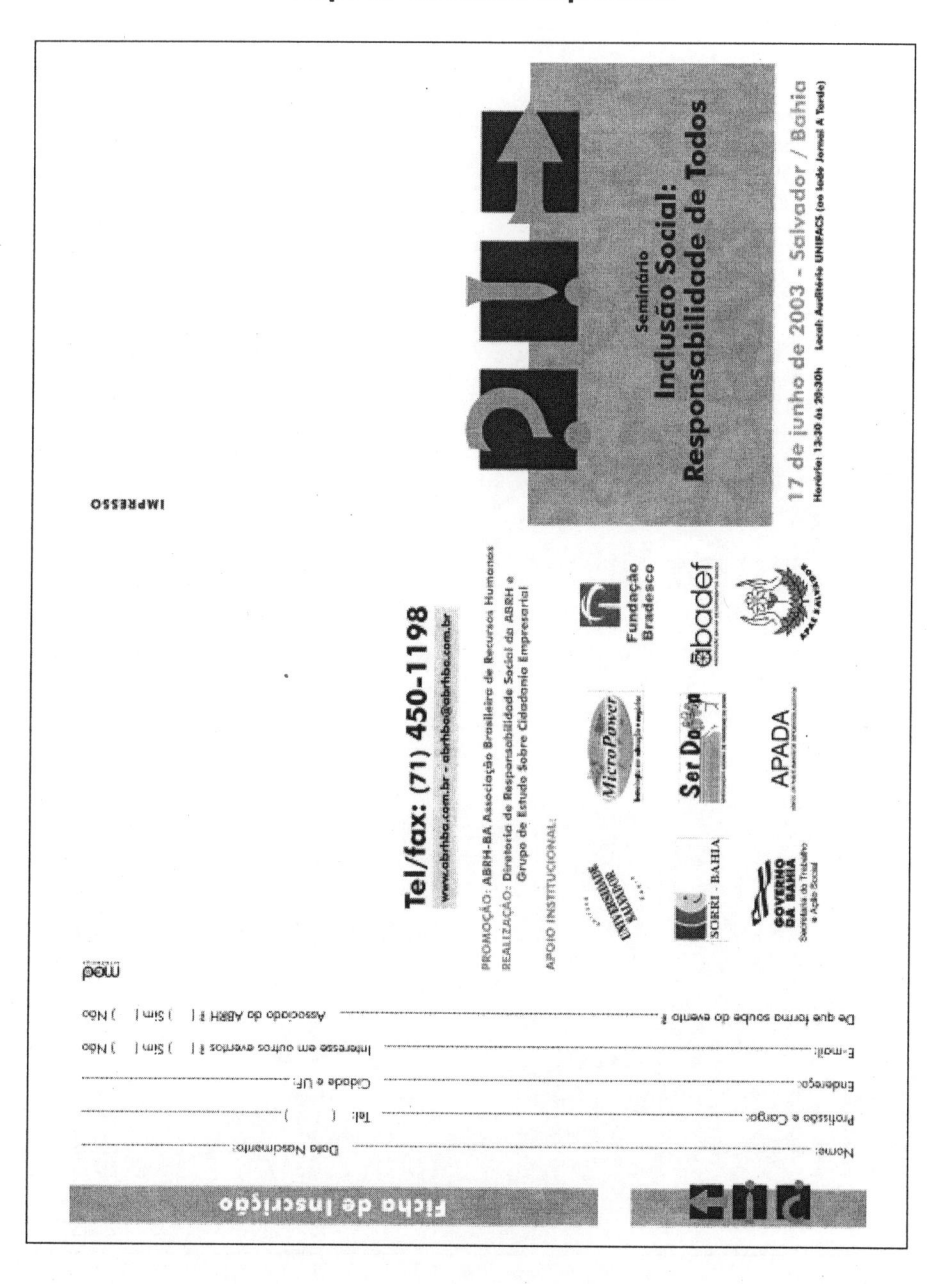

Folder do Seminário de Responsabilidade Social
Grupo de Cidadania Empresarial

Apresentação

Pessoas portadoras de algum tipo de deficiência representam hoje 14,5% da população brasileira (fonte Instituto Ethos). Em função desta realidade, a diretoria de Responsabilidade Social da **ABRH-Ba** resolveu promover o evento "**Inclusão Social: Responsabilidade de Todos**", com o objetivo de sensibilizar os participantes sobre a importância da inclusão social do deficiente, como um exemplo de atitude socialmente responsável.

O evento visa também incentivar a inclusão de pessoas com necessidades especiais nas organizações, mostrando que, apesar dos investimentos realizados em adaptações para o deficiente, poderá se tornar uma grande vantagem competitiva.

Palestrantes

Ana Emilia A. da Silva
Especialista em Direito Público; Procuradora do Ministério Público do Trabalho; Exerceu o cargo de Procuradora do Estado da Bahia.

Carmem Leite R. Bueno
Psicóloga; Mestre em Administração de Serviços em Reabilitação Profissional; Superintendente do SORRI-BRASIL Sistema SORRI; 27 anos administrando a diversidade para construir uma sociedade inclusiva.

Geraldo Magela
Maior e melhor humorista cego do Brasil. Sem dúvida, um cego de olho no futuro.

Fábio Rocha
Patrono do Grupo de Estudo sobre Cidadania Empresarial da ABRH-Ba; Professor do MBA de Responsabilidade Social Empresarial da UFRJ; Consultor em Projetos Sociais e Marketing Institucional; Sócio Diretor da Domicos Consultoria e Negócios.

Marcos Oliveira
Secretário do Grupo de Estudo sobre Cidadania Empresarial; Mestre em Administração pela Escola de Administração da UFBa; Lead Assessor - Qualidade e Meio Ambiente e Responsabilidade Social; Consultor da Norma SA 8000 (Responsabilidade Social).

Programação:

Horário:	17 de junho de 2003	TERÇA-FEIRA
13:30 às 14:00h	Recepção, Entrega de Material e Credencial.
14:00 às 14:30h	Abertura do Evento. Carlos Armando - Superintendente do SETRAS Carlos Pessoa - Presidente da ABRH-Ba Manuel Barros - Reitor da UNIFACS
14:30 às 15:10h	Retratando Novos Conceitos a Respeito dos Pessoas com Deficiência. Teatro de Bonecos do SORRI - Apresentação da "Turma do Bairro" (BA)
15:10 às 15:50h	Responsabilidade Social Empresarial: Estratégia Diferencial e Profissionalismo. Fábio Rocha (BA)
15:50 às 16:00h	Lançamento da Cartilha "Responsabilidade Social: Para Começar a Entender". Marcos Oliveiro (BA)
16:00 às 16:20h	Coffee Break.
16:20 às 17:10h	Legislação sobre Inclusão Social. Ana Emilia Andrade Albuquerque da Silva (BA)
17:10 às 17:50h	Inclusão Social: Conceitos, Princípios e Valores. Carmem Leite Ribeiro Bueno (SP)
17:50 às 18:50h	Divulgação das Instituições Participantes.
18:50 às 19:40h	"Vencendo Adversidades". Geraldo Magelo (MG)
19:40 às 20:30h	Coquetel / Network.

ABRH-Ba
Associação Brasileira de Recursos Humanos

Informações e Inscrições:

Sorteio de brindes e cursos para os inscritos antecipadamente

Tel/fax: (71) 450-1198
www.abrhba.com.br - e-mail: abrhba@abrhba.com.br

Estudantes e Associados da ABRH: **R$25,00**
Profissionais e Não Associados: **R$50,00**
Data limite para inscrições: **16 de junho 2003**

Vagas Limitadas - Garanta já a sua!

Inclusão Social: Responsabilidade de Todos

17 de junho de 2003 - Salvador / Bahia

Procedimentos para Inscrição:

A forma de pagamento será através de depósito bancário, no **Banco Bradesco, Agência 3646-3, C/C 327-1**. Após o pagamento, passar o comprovante de depósito e a ficha de inscrição por e-mail ou via fax, para a ABRH. Em caso de estudante, enviar comprovante de matrícula ou equivalente anexo. A efetivação da matrícula só será formalizada pela ABRH depois do recebimento dos itens acima mencionados.

O não comparecimento do inscrito não conferirá direito à devolução do valor já pago.

Conheça e inscreva-se no site da ABRH:
www.abrhba.com.br

Projeto

Inclusão Social: Responsabilidade de Todos

Realização:
ABRH-BA – Associação Brasileira de Recursos Humanos

Organizadores:
Diretoria de Responsabilidade Social da ABRH-BA

Grupo de Estudo sobre Cidadania Empresarial da ABRH-BA

"Mais do que máquinas, precisamos de humanidade.

Mais do que inteligência, precisamos de afeição e doçura.

Sem essas virtudes a vida será de violência e tudo estará perdido."

Charles Chaplin

Apresentação

A Diretoria de Responsabilidade Social da ABRH-BA apoiada pelo Grupo de Estudo sobre Cidadania Empresarial da ABRH-BA, que tem por missão "Despertar e fomentar atitudes cidadãs nas organizações, conscientizando-as da sua Responsabilidade Social", decidiu realizar um Seminário dirigido a Empresários, Profissionais e Estudantes da área de Recursos Humanos e Gestores em geral, com o objetivo de sensibilizá-los quanto à importância da Inclusão Social, como forma de Resgate da Cidadania das pessoas com deficiência, bem como de melhorar a imagem empresarial tornando-a mais competitiva.

Sabe-se que o tema "Inclusão Social" é amplo, por isso o grupo resolveu tratá-lo por partes para que o objetivo maior seja alcançado ao longo do trabalho. Assim, neste primeiro evento o foco será dirigido à sensibilização do empresariado sobre a importância da Inclusão Social de pessoas com deficiência como um exemplo de atitude socialmente responsável.

Este evento pretende também mostrar que a inclusão de pessoas com deficiência, apesar de muitas vezes precisar de adaptações para exercitar suas competências, pode tornar-se uma vantagem competitiva para a organização, pois:

- Pessoas com algum tipo de deficiência, que normalmente são excluídas do meio produtivo, apresentam-se ávidas por uma oportunidade e mostram eficiência algumas vezes superior às das pessoas consideradas "normais".

- Cumprir a legislação de Inclusão Social é uma forma de melhorar a sua imagem institucional.

- A inclusão de pessoas com deficiência possibilita à organização lidar com clientes também com deficiência, que atualmente já representam 14,5% da população brasileira (fonte Instituto Ethos).

Objetivos

- Apresentar as várias possibilidades para a contratação de cidadãos portadores de deficiência.
- Sensibilizar os Empresários e Gestores não só para a importância da inclusão social, como também para a necessidade de cumprir a legislação em vigor.
- Mostrar que ser Empresa Cidadã é muito mais fácil do que se imagina e traz mais benefícios do que se espera.

Metodologia

- Seminário sobre o tema Inclusão Social.
  Exposição de Temas e Apresentação de Teatro de Bonecos.
- Lançamento da cartilha "Responsabilidade Social – para começar a entender", elaborada pelo Grupo de Estudo sobre Cidadania Empresarial.

Público-alvo

- Empresários, Profissionais e Estudantes da área de Recursos Humanos, Gestores em geral, Associados da ABRH-BA e Imprensa.

Número de participantes

- 200 pessoas.

Dia e local

- 17 de junho de 2003.
- Local a ser definido.

Resultados esperados

Espera-se com este evento:

- Mostrar que ser Empresa Cidadã é mais fácil do que se imagina, basta querer.

- Divulgar melhor o conhecimento e a prática sobre Responsabilidade Social nas organizações e mostrar que a Inclusão Social de pessoas com deficiência pode não só aumentar a competitividade das organizações como também ampliar o nicho de mercado.

Conteúdo Programático

13:30h – 14h: Entrega de Credencial.

14h – 14:30h: Abertura
Carlos Pessoa, Presidente da ABRH-BA.

14:30h – 15:10h: Apresentação da **"Turma do Bairro"**
· Grupo de Teatro de Bonecos da SORRI-BA, retratando novos conceitos a respeito das pessoas com deficiência.

15:10h – 15:50h: Responsabilidade Social
Palestrante: **Fábio Rocha**
Patrono do Grupo de Estudo sobre Cidadania Empresarial, Professor da MBA de Responsabilidade Social Empresarial da UFRJ. Consultor em Projetos Sociais e Marketing Institucional, tendo atuado em mais de 100 organizações públicas, privadas e não-governamentais, como CHESF e TIM.

15:50h – 16h: Lançamento da cartilha *"Responsabilidade Social – para começar a entender"*.
Apresentador: **Marcos Oliveira**
Secretário do Grupo de Estudo sobre Cidadania Empresarial, Mestre em Administração pela Escola de Administração da UFBA, Lead Assessor – Qualidade e Meio Ambiente – Batalas, consultor da Norma SA 8000 (Responsabilidade Social).

16h –16:20h: Coffee Break.

16:20h – 17:10h: Legislação sobre Inclusão Social.
Palestrante: **Ana Emília Andrade A. da Silva**
Especialista em Direito Público. Procuradora do Ministério Público do Trabalho desde janeiro de

1994. Exerceu o cargo de Procuradora do Estado da Bahia de 1989 a 1993.

17:10h – 17:50h: Mercado de Trabalho Inclusivo

Palestrante: **Carmem Leite Ribeiro Bueno**

Psicóloga, Mestre em Administração de Serviços em Reabilitação Profissional, Superintendente da SORRI-BRASIL (Órgão de Coordenação Nacional do Sistema SORRI) Atua em São Paulo www.sorri.com.br (sistema SORRI: 27 anos administrando a diversidade para construir uma sociedade inclusiva).

17:50h – 18:30h: Case do Patrocinador.

18:30h – 19:40h: "Vencendo Adversidades"

Palestrante: **Geraldo Magela**

Maior e melhor humorista cego do Brasil, sem dúvida um cego de olho no futuro.

19:40h – 20:30h: Coquetel/Network.

Grupo de Estudo Treinamento e Desenvolvimento
Roteiro de Trabalho

Programação dos Encontros 2002

Data	Tema
08/04	T&D na Gestão de Seres Humanos: realidade atual e tendências futuras
13/05	Visão Integral do Ser Humano
10/06	Projeto de Vida: Pessoal + Profissional
08/07	Desenvolvimento de Facilitadores nas Organizações
12/08	Visão Sistêmica da Área de T&D
09/09	Técnicas de T&D
14/10	Técnicas de T&D
11/11	Formação de Multiplicadores
09/12	Educação Executiva
Recesso	

Obs.: Horário das 18:30h às 21:30h, tolerância de 15 minutos.

Pauta Básica da Reunião: (6 momentos)

18:30h – Sensibilização

Momento de chegada e início dos trabalhos. Composta por:

1. uma atividade integradora e sensibilizadora, conduzida por algum participante do grupo;
2. verificação da realização de pendências;
3. apresentação de convidados e novos participantes.

19h – Apresentação do tema

Momento de abordagem da temática do dia, conduzida por um participante ou convidado com experiência no assunto. Objetiva ampliar a visão sobre o conteúdo e a realidade cotidiana.

19:40h – Produção grupal

Momento de internalização e apropriação do tema do dia. Composto por: auto-análise individual e grupal, leitura de textos, levantamento de críticas e sugestões, síntese dos principais pontos a serem aprofundados, etc.

Grupo de Estudo Treinamento e Desenvolvimento

20:10h – Compartilhamento e troca de experiências

Momento de sinergia (1 + 1 > 2), onde a produção individual e grupal é compartilhada em plenária, promovendo a troca de vivências e o fortalecimento do processo grupal.

20:45h – Avaliação do encontro

Momento de checagem da produção do encontro. Composto por:

1. avaliação do encontro;
2. avaliação do processo grupal ao longo dos encontros;
3. avisos de interesse geral e definição de pendências para a próxima reunião.

20:55h – Encerramento

Momento de fechamento, conduzido por um dos participantes, de forma a:

1. selar o compromisso de continuidade do grupo;
2. estreitar os laços de afetividade;
3. finalizar as atividades.

Grupo de Estudo Treinamento e Desenvolvimento
Pesquisa do Papel Grupal

Nome:

Como gosta de ser chamado:	Sexo: [ ] M [ ] F
Aniversário (dd/mm): /	Bairro:
Faixa Etária: [ ] 18 a 25 [ ] 26 a 30 [ ] 31 a 35 [ ] 36 a 40	
[ ] 41 a 45 [ ] 46 a 50 [ ] 51 a 55 [ ] acima de 56	
Naturalidade:	Estado Civil:	Nº de Filhos:
Escolaridade:		
[ ] 2º Grau [ ] Graduação [ ] Especialização [ ] Mestrado [ ] Doutorado		
Formação:		

Telefone Residencial:	Celular:
Telefone Comercial:	Fax:
E-mail:	

Empresa:
Cargo/Função:
Síntese da atividade atual:

Tempo de experiência na área de RH:
Descrição de realizações significativas na área:
Meta profissional/pessoal (2 anos):

Afiliada à ABRH desde:		
Situação junto à ABRH: [ ] Ativo/ Adimplente [ ] Inadimplente [ ] Não sabe		
Expectativas com o relação ao Grupo de Estudo:		
Contribuição individual para o grupo:		

Grupo de Estudo Treinamento e Desenvolvimento
Registro do Encontro

Encontro nº	Data:	Total de participantes:

Local:

Coordenação:

Convidados:

Tema do Encontro:

Pauta

18:30h – Sensibilização

19h   – Apresentação do tema

19:40h – Produção grupal

20:10h – Compartilhamento e troca de experiências

20:45h – Avaliação do Encontro

20:55h – Encerramento

Anotações diversas (o que, quem, quando, como):

Material distribuído:

Pendências para o próximo encontro (o que, quem, quando, como):

Próximo encontro (local e data):

Facilitadores do próximo encontro:
- Sensibilização:
- Apresentação do tema:
  Encerramento:

Grupo de Estudo Treinamento e Desenvolvimento

Como Participar desta Reunião

Relacionamento
- Busque conhecer os outros participantes do grupo e faça-se conhecer.
- Permita-se, o máximo possível, ajudar e ser ajudado.
- Esteja atento aos preconceitos, resistências, medos, limites, valores e qualidades (seus e dos outros).
- Esteja atento aos modelos mentais, às premissas subjacentes àquilo que você e as pessoas dizem.

Comunicação
- Chame as pessoas pelo nome.
- Fale francamente.
- Ouça cuidadosamente o que os outros têm a dizer.
- Sorria com sinceridade.
- Aguarde a sua vez de falar.
- Não monopolize a discussão, nem fuja dela.

Participação
- Faça a diferença. Contribua para a melhoria de todos.
- Busque ser criativo e inovador.
- Traga suas experiência, sabedoria e disponibilidade para aprender coisas novas.
- Traga soluções ao invés de queixas.
- Se discordar de alguma coisa, fale. Não deixe sua observação para depois.
- Viva o aqui-agora. Ocupe-se ao invés de se preocupar.
- Indique bibliografia, filmografia, sites, notícias e eventos que possam ser de interesse geral.
- Prepare-se previamente para o encontro. Leia e pesquise sobre os temas propostos.

Grupo de Estudo Treinamento e Desenvolvimento

Auto-organização

- Abstraia, o tempo todo, aqueles pontos relevantes ao seu plano de autodesenvolvimento pessoal e profissional.
- Reflita sobre sua motivação pessoal (aqui-agora, no trabalho, na família) e o seu sentido de vida.
- Esteja atento a tudo que deverá ser aprendido, desaprendido e reaprendido.
- Organize uma pasta de trabalho contendo:
    - Agenda de trabalho e calendário.
    - Regimento Interno do grupo de estudo.
    - Relação de endereços.
    - Anotações.
    - Indicação de sites, filmes, livros, contatos, músicas, dinâmicas, etc.
    - Arquivo de textos e folders, cartões de visita, formulários, etc.

Grupo de Estudo Treinamento e Desenvolvimento
Sites de Interesse da Área de Recursos Humanos

Aprendiz – Gilberto Dimenstein	www.aprendiz.com.br
Associação Brasileira de Recursos Humanos ABRH – Bahia	www.abrhba.com.br
Associação Brasileira de Recursos Humanos ABRH – Nacional	www.abrhnacional.org.br
Associação Brasileira de Treinamento e Desenvolvimento – ABTD	www.abtdnacional.org.br
Canal RH	www.canalrh.com.br
Companhia para Crescer (Geraldo Eustáquio)	www.paracrescer.com.br
Editora Gente	www.gentedit.com.br
Empresa de Consultoria Organizacional – EMCO (Ruy Mattos)	www.emco.com.br
Escola de Administração Fazendária – ESAF	www.esaf.gov.br
Escola Nacional de Administração Pública – ENAP	www.enap.gov.br
Fundação de Desenvolvimento Gerencial	www.fdg.org.br
Fundação Getúlio Vargas – FGV	www.fgvsp.br
Guia RH	www.guiarh.com.br
IBCO – Instituto Brasileiro de Consultores Organizacionais	www.ibco.org.br
Instituto MVC – M. Vianna Costacurta Estratégia e Humanismo	www.institutomvc.com.br
Intermanagers	www.intermanagers.com.br
Jogos Cooperativos	www.jogoscooperativos.com.br
Programa Nacional de Desburocratização	www.d.gov.br
Qualitymark Editora	www.qualitymark.com.br
Revista Gestão Plus	www.gestaoerh.com.br
Revista T&D – Desenvolvendo Pessoas	www.rtd.com.br
Revista Viver Psicologia	www.revistaviverpsicologia.com.br
RH Online	www.rhumos.com.br
Siamar Recursos para Treinamentos	www.siamar.com.br
Zumble Aprendizagem Organizacional	www.zumble.com.br

Grupo de Estudo Treinamento e Desenvolvimento

Referências Bibliográficas

BLOCK, Peter. *Consultoria, O Desafio da Liberdade*. São Paulo: Makron Books, 1991, 265 p.

BONFIM, David. *Pedagogia no Treinamento*. Rio de Janeiro: Qualitymark, 1995, 164 p.

BOOG, Gustavo G. & Outros. *Manual de Treinamento e Desenvolvimento*. Rio de Janeiro: Makron Books, 2ª edição, 1995, 595 p.

BOWDITCH, James L. & BUONO, Anthony F. *Elementos de Comportamento Organizacional*. São Paulo: Editora Pioneira, 1997, 305 p.

BOYETT, Joseph & BOYETT, Jimmie. *O Guia dos Gurus, os Melhores Conceitos e Práticas de Negócios*. Rio de Janeiro: Editora Campus, 3ª edição, 1999, 378 p.

BROTTO, Fábio Otuzi – *Jogos Cooperativos*. Edição Renovada. São Paulo: 2ª edição, 1999, 170 p.

CARVALHAL, Eugenio do & FERREIRA, Geraldo. *Ciclo de Vida das Organizações*. Rio de Janeiro: Fundação Getúlio Vargas Editora, 3ª edição, 2000, 122 p.

CASTILHO, Áurea. *A Dinâmica do Trabalho de Grupo*. Rio de Janeiro: Qualitymark, 3ª edição, 1998, 194 p.

CHIAVENATO, Idalberto. *Gestão de Pessoas*. Rio de Janeiro: Editora Campus,1999, 457 p.

Diversos, Recursos Humanos. *Excelência de Idéias, Prática e Ação*. Rio de Janeiro: Quartet Editora, 1995, 189 p.

DONADIO, Mário. *Treinamento & Desenvolvimento Total*. Rio de Janeiro: Qualitymark, 1996, 288 p.

FANAYA, Nelson & CONTE, Dirce. *Estratégias em Ação, Reflexões para Evolução Pessoal e Profissional*. Rio de Janeiro: Qualitymark, 1997, 117 p.

GASALLA, José Maria. *Fábrica de Talentos, Técnicas para Dirigir e Desenvolver Pessoas*. Rio de Janeiro: Editora Gente, 1996, 300 p.

GAYOTTO, Maria Leonor Cunha & Outros. *Trabalho em Grupo: Ferramenta para Mudança*. Petrópolis: Editora Vozes, 2001, 63 p.

Grupo de Estudo Treinamento e Desenvolvimento

GIL, Antonio Carlos. *Administração de Recursos Humanos, um Enfoque Profissional*. São Paulo: Editora Atlas, 1994, 167 p.

GRAMIGNA, Maria Rita Miranda. *Jogos de Empresa*. São Paulo: Makron Books, 1999, 138 p.

JOLLES, Robert L. *Como Conduzir Seminários e Workshops*. Campinas: Papirus Editora, 1993, 281 p.

JUNQUEIRA, Luiz Augusto Costacurta & MARCHIONI, Célia. *Cada Empresa Tem o Consultor que Merece*. São Paulo: Editora Gente, 1999, 132 p.

KIRBY, Andy. *150 Jogos de Treinamento*. São Paulo: T&D Editora, 1995, 320 p.

LIMA, Frederico O. & TEIXEIRA, Paulo C. *Direcionamento Estratégico e Gestão de Pessoas nas Organizações*. São Paulo: Editora Atlas, 156 p.

MAGALHÃES, Lucila Rupp de. *Aprendendo a Lidar com Gente, Relações Interpessoais no Cotidiano*. Salvador: Casa da Qualidade, 1999, 246 p.

MATOS, Francisco Gomes de & CHIAVENATO, Idalberto. *Visão e Ação Estratégica*. São Paulo: Makron Books, 1999, 166 p.

MATTOS, Ruy de Alencar. *De Recursos a Seres Humanos – O Desenvolvimento Humano na Empresa*. Brasília: Editora Livre, 1992, 137 p.

MINICUCCI, Agostinho. *Psicologia Aplicada à Administração*. São Paulo: Editora Atlas, 1995, 361 p.

MÖLLER, Claus. *Employeeship, Como Maximizar o Desempenho Pessoal e Organizacional*. São Paulo: Editora Pioneira, 1996, 191 p.

MORGAN, Gareth. *Imagens da Organização*. São Paulo: Editora Atlas, 1996, 421 p.

MOSCOVICI, Fela. *Desenvolvimento Interpessoal, Treinamento em Grupo*. Rio de Janeiro: José Olympio Editora, 8ª edição, 1998, 276 p.

MOTTA, Paulo Roberto. *Transformação Organizacional (A Teoria e a Prática de Inovar)*. Rio de Janeiro: Qualitymark Editora, 1997, 224 p.

O'CONNOR, Joseph & SEYMOUR, John. *Treinando com a PNL*. São Paulo: Summus Editorial, 1994, 268 p.

Grupo de Estudo Treinamento e Desenvolvimento

SMITH, Steve. *Seja o Melhor! Ferramentas Testadas e Aprovadas para o Desenvolvimento Pessoal*. São Paulo: Clio Editora, 2001, 147 p.

STEINER, Claude M. *O Outro Lado do Poder, Como Tornar-se Poderoso sem Ter Sede de Poder*. São Paulo: Editora Nobel, 1984, 196 p.

STERN, Nancy & PAYMENT, Maggi. *101 Segredos para Ser um Profissional da Área de Treinamento Bem-Sucedido*. 2ª edição, Editora Futura, 1999, 132 p.

WOOD JR., Thomaz. *Mudança Organizacional*. São Paulo: Editora Atlas, 1995, 260 p.

Grupo de Estudo Treinamento e Desenvolvimento – Música Tema

Epitáfio

Autor: Sérgio Brito
CD Desejos de Mulher
Banda Titãs, 2002

Devia ter amado mais, ter chorado mais
Ter visto o sol nascer
Devia ter arriscado mais e até errado mais
Ter feito o que eu queria fazer
Queria ter aceitado as pessoas como elas são
Cada um sabe a alegria e a dor que traz no coração

O acaso vai me proteger
Enquanto eu andar distraído
O acaso vai me proteger
Enquanto eu andar

Devia ter complicado menos, trabalhado menos
Ter visto o sol se pôr
Devia ter me importado menos com problemas pequenos
Ter morrido de amor
Queria ter aceitado a vida como ela é
A cada um cabe alegrias e a tristeza que vier

O acaso vai me proteger
Enquanto eu andar distraído
O acaso vai me proteger
Enquanto eu andar

Folder do Grupo de Estudo Treinamento e Desenvolvimento

ABRH-BA
SISTEMA NACIONAL ABRH
Associação Brasileira de Recursos Humanos

GRUPO DE ESTUDOS ABRH-BA

T & D

TREINAMENTO & DESENVOLVIMENTO

A área de T&D na Gestão de Seres Humanos:
Realidade Atual e Tendências

"Devia ter amado mais, ter chorado mais
Ter visto o sol nascer
Devia ter arriscado mais e até errado mais
Ter feito o que eu queria fazer
Queria ter acreditado nas pessoas como elas são
Cada um sabe a alegria e a dor que traz no coração"
(EPTÁFIO - Titãs)

Julho 2002

Coordenação

Diretora Técnica:
Catarina Coelho Marques

Patrona:
Valdélia Pedrosa

Coordenadora:
Maria Célia Urpia

Vice-Coordenador:
Hilton Heliodoro Santos

Apoio

www.guiadeempregos.net

ABRH-BA
Centro Empresarial Iguatemi
Bloco A, sala 536
Telefax: (71) 450-1198
abrhba@abrhba.com.br
www.abrhba.com.br

ABRH-BA
SISTEMA NACIONAL ABRH
Associação Brasileira de Recursos Humanos

Quem somos

Somos um grupo de profissionais interessados em conhecer e aprofundar conhecimentos na área de Treinamento e Desenvolvimento.

Nossos objetivos

- Criar um diferencial competitivo.
- Incentivar o profissional de T&D a ser melhor no que faz.
- Assumir o papel de patrocinador do desenvolvimento.

O que fazemos

- Alinhamos o nível de conhecimento do grupo.
- Interagimos com profissionais de reconhecida experiência e conhecimento relevante no mercado.
- Exercitamos a troca de conhecimentos e experiência.
- Repensamos a importância e o papel de T&D nas organizações.

Metodologia

Abordagem teórico-vivencial, considerando o referencial de necessidades identificadas no grupo, desenvolvida através de dinâmicas, exposição dialogada, vivências e discussões.

Nosso Produto

- Criar uma rede de agentes T&D
- Aprofundar estudos para antecipar tendências
- Elaboração do book de T&D

Grupo Jogos Empresariais e Vivências
Roteiro de Trabalho

Roteiro Básico da Reunião

19:00h: Coffee-break de Boas-Vindas.

19:15h: Sensibilização.

Momento composto por:

1. Uma atividade integradora e sensibilizadora, conduzida por algum participante do grupo.
2. Verificação de realização de tarefas/compromissos.
3. Apresentação de convidados e novos participantes (se houver).

19:30h: Apresentação do(s) Tema(s)

Momento de abordagem do(s) tema(s) do dia, conduzido por um participante, subgrupo ou convidado com experiência no assunto.

21h: Ciclo de Aprendizagem Vivencial (CAV)

Momento de internalização, compartilhamento e sinergia, onde a produção individual e grupal é compartilhada em plenária, promovendo a apropriação do tema do dia, a troca de idéias, sentimentos e o fortalecimento da teia grupal. Composto por: auto-análises individual e grupal, contato com os sentimentos, observação da ressonância grupal, levantamento de sugestões, síntese dos principais pontos a serem aprofundados, etc.

21:20h: Avaliação do Encontro/Encerramento

Momento de checagem sobre o encontro composto por:

1. Avaliação do Encontro.
2. Avaliação do processo grupal ao longo dos encontros.
3. Avisos de interesse geral e definição de compromissos para a próxima reunião.
4. Finalização das atividades.

Grupo Jogos Empresariais e Vivências

Compromisso Grupal

Este é um compromisso grupal. Estaremos juntos por alguns encontros, neste e no outro ano, de modo que precisamos firmar um compromisso pessoal, para que possamos ter, de fato, um verdadeiro grupo. Portanto, sugerimos:

1. Manter assiduidade e pontualidade aos encontros. Neste ano, o grupo terá mais 7 (sete) encontros, com duração de 2 horas e meia cada. O início é às 19h e o término às 21:30h.

2. Participar do coffee-break é também uma atividade grupal, além da partilha saborosa de alimentos, afeto, idéias e informações. Portanto, inclua esta atividade no seu início de chegada ao grupo.

3. Participar do fechamento do encontro é tão importante quanto a chegada e o desenvolvimento das atividades, pois é o momento do feedback final, que possibilitará uma avaliação consistente do encontro e do processo do grupo. E você é importante na construção e manutenção desta teia grupal.

4. Participar ao grupo sobre ausências programadas, observando, é claro, o percentual de 80% de freqüência fixado pela ABRH-BA. Se não puder vir aos nossos encontros, avise ao grupo ou a algum participante. Só assim saberemos que, naquele dia, você não estará presente, mas que continuaremos a contar com você nos próximos encontros.

5. Fechar com o grupo em caso de saída. Se você, em algum momento, desistir deste processo, por favor, comunique ao grupo sobre sua decisão. Só assim teremos a oportunidade de nos despedir de você.

6. Realizar as tarefas solicitadas, que incluem reuniões extragrupo, pesquisa, estudo, etc. Estas tarefas proporcionarão o aperfeiçoamento e o desenvolvimento pessoal e profissional. A sua participação nestas tarefas contribuirá para o crescimento e o fortalecimento do grupo.

Grupo Jogos Empresariais e Vivências

7. Participar dos encontros, propondo, sugerindo, criando novos jogos, vivências, idéias, pensamentos, atitudes. Sinta-se encorajado(a) a mostrar o seu potencial! Em cada pessoa há sempre uma fonte inesgotável de sabedoria. Portanto, não se deixe vencer pela vergonha, pelo medo de se expor, pelo medo de errar. O certo e o errado são muito relativos.
8. Aprender a aprender. Pois é, na vida estamos sempre a aprender coisas novas, a cada momento, a cada instante. Esteja aberto(a), pois com certeza aprenderemos juntos.
9. Comunicar e relacionar são diferenciais em um grupo. Portanto, utilize-se dos seus valores de franqueza, sinceridade, lealdade e doçura para a formação de feedbacks e relacionamentos construtivos.
10. Manter sigilo sobre as informações ocorridas no grupo. Se algum participante fizer um comentário mais pessoal no grupo, que bom! Ele confia no grupo! Portanto, não passe à frente esta informação.
11. Lembre-se sempre:

"...*Um mais um é sempre mais que dois...*
Vamos precisar de todo mundo para construir a vida nova..."

Vamos precisar da participação de todos para construir o grupo de jogos e vivências.

E, então, você deseja SER este GRUPO DE JOGOS EMPRESARIAIS?

Salvador, _____ de _____ de 2002

Grupo Jogos Empresariais e Vivências

I – Nosso Grupo:
- Diretora Técnica da ABRH: **Catarina Coelho Marques**.
- Patrona: **Maria Rita Gramigna**.
- Coordenadora: **Edvânia Landim**.
- Vice-coordenadora: **Maria de Fátima Belchior Silva**.
- 1ª Secretária: **Creusa Araújo**.

II – Nossa Missão:
Agregar valor ao papel do facilitador na utilização de jogos.

III – Nossos Objetivos:
- Compartilhar conceitos, idéias e experiências.
- Sistematizar conhecimentos, idéias e sugestões para a produção de material técnico-científico sobre os temas estudados e/ou desenvolvidos pelo grupo.
- Valorizar o potencial humano, estimulando a criatividade das pessoas para a construção de novas técnicas vivenciais de jogos empresariais.

IV – Nossos Produtos em 2002:
- Vivência de Autoconhecimento.
- Jogo "Trabalhar Sob Pressão".
- Normatização da Dinâmica de Funcionamento Grupal: Formulário para Registro dos Jogos, Roteiro Básico de Reunião, Contrato de Convivência Grupal.
- Criação do grupo na rede de Internet: jogosempresariais@nossogrupo.com.br

Grupo Jogos Empresariais e Vivências

V – Desempenhos Esperados para 2003:
- Artigo para a Coluna da ABRH.
- Sistematização do Conhecimento Grupal.
- Realização da Oficina de Criatividade com Maria Rita Gramigna.
- Realização de Oficinas Temáticas pelos Participantes do Grupo.

VI – Dinâmica de Funcionamento Grupal:
1º **Momento:** Leitura e discussão de textos, artigos, livros, etc.
2º **Momento:** Sistematização do conhecimento e elaboração de jogos.
3º **Momento:** Realização de Oficinas.

VII – Nossa Agenda: (Sempre às quartas-feiras)
- Datas:
- Local:
- Horário: 19:00h às 21:30h.

ABRH-BA – Grupo de Estudo "Jogos Empresariais e Vivências"
Formulário para Registro de Jogos

NOME DA ATIVIDADE: (Título)

Fonte:

TEMA/OBJETIVO:

INDICADORES e/ou COMPETÊNCIAS TRABALHADOS NO JOGO

APLICABILIDADE/TAMANHO DO GRUPO

RECURSOS

DESENVOLVIMENTO	TEMPO
1. Cenário:	
2. Passos:	

COMO TRABALHAR O JOGO PELO CAV – CICLO DA APRENDIZAGEM VIVENCIAL

ABRH-BA – Grupo de Estudo "Jogos Empresariais e Vivências"
Formulário para Registro de Jogos

CONCLUSÃO E FECHAMENTO DO JOGO

BIBLIOGRAFIA DE APOIO
Para leitura anterior:
Para geração de slides:

Folder do II Encontro dos Grupos de Estudo

II ENCONTRO DOS GRUPOS DE ESTUDO ABRH-BA

Presidente: Carlos Pessoa dos Santos
Diretora Técnica: Catarina Coelho Marques

11 de dezembro de 2002

PATROCINADOR DE GESTÃO:
CNE

REALIZAÇÃO:
ABRH-BA
SISTEMA NACIONAL ABRH
Associação Brasileira de Recursos Humanos

PATROCINADOR DO EVENTO:
Inteligência – Pesquisa, Tecnologia e Treinamentos
VisArt
Virtual
Union Service
Correios

Grupo Jogos Empresariais e Vivências
Patrono: Maria Rita Gramigna
Coordenador: Edvânia Landim

Um jogo é uma atividade espontânea, regida por regras que determinam quem vencerá. Cada jogo tem suas regras, tempo de duração, definição do que é permitido e do que é proibido, valores da jogada e indicações para terminar a partida. Nas empresas, o jogo retrata situações da vida profissional e pode ser uma ferramenta riquíssima nos programas de desenvolvimento.

O grupo Jogos Empresariais e Vivências observou, no entanto, que não basta inserir o jogo na rotina da empresa. Apesar de ser uma ferramenta envolvente e de fácil aceitação, o jogo empresarial não pode ser adotado sem critério. Seu sucesso depende da maneira como é conduzido. É preciso garantir que os participantes possam refletir ao fim da experiência, avaliando todas as facilidades e dificuldades vivenciadas no processo. Assim, o jogo pode servir como um instrumento de apoio às mudanças.

Atualmente, o grupo abarca dois subgrupos: Gestão por Competência e Autoconhecimento nas Organizações. Cada um elaborou uma vivência que foi aplicada e discutida no grupo. As atividades culminaram com a criação de um jogo, intitulado "Trabalhar sob pressão".

Grupo Treinamento e Desenvolvimento
Patrono: Valdelia Ribeiro
Coordenador: Maria Célia Urpia

Qual é o papel de RH Estratégico em Treinamento e Desenvolvimento? Qual é o perfil desse profissional? Que formação ele deve receber? Essas questões foram debatidas no último semestre, durante os encontros do grupo Treinamento e Desenvolvimento. Através de palestras e debates, o grupo buscou identificar o novo papel do profissional de Recursos Humanos, que deve possuir uma visão sistêmica na área de T & D.

Hoje, o profissional de RH precisa sair do teórico para o estratégico. Ele deve ter uma visão mais ampla da estratégia da empresa, dar atenção ao comportamental, conhecer seu negócio, aprender a argumentar, estar aberto a novas informações. Transparência e confiança também são exigências fundamentais.

Nesse contexto, o profissional de RH deve sair da condição de operacionalizador do treinamento para assumir a postura de patrocinador de desenvolvimento. Deve ter um papel de líder, de educador, fomentando atitudes mais produtivas e participativas nos colaboradores. No próximo semestre, o grupo pretende aprofundar ainda mais esses estudos, desenvolvendo novos projetos.

Folder do II Encontro dos Grupos de Estudo

Grupo Inovações em Gestão de Pessoas
Patrono: Fabrício Soares
Coordenador: Elisabeth França

Por conta das mudanças na Economia surgem novos modelos de gestão. Na atualidade o trabalho torna-se cada vez mais intelectualizado, complexo, autônomo e coletivo e o novo trabalhador deve ser capaz de aprender a aprender, trabalhar em equipe, se comunicar, propor soluções, antecipar, prevenir, decidir e intervir em cada uma das situações que surgem no seu cotidiano profissional. A gestão do RH por competências e habilidades foi o foco que permeou as discussões do Grupo Inovações em Gestão de Pessoas.

O grupo realizou visitas técnicas as empresas que já tinham implantado o modelo, fez levantamento bibliográfico, participou de foruns de discussão sobre o tema e concluíram que a gestão por competência enquanto modelo de desenvolvimento, não se aplica a todos os modelos de negócios. No entanto, ela pode contribuir para a escolha das equipes de alta performance. A competência é entendida como um conjunto de conhecimentos, habilidades e atitudes associado aos objetivos do negocio na conquista dos resultados.

Os pressupostos que regem este novo paradigma são fundamentados em quatro elementos importantes: envolvimento, participação, pertencimento, autonomia. Ser holístico consiste em ter capacidade de amar e superar os sentimentos destrutivos: medo, orgulho, apego, ódio, ter consciência da responsabilidade social; ser flexível, espontâneo, idealista, praticar e estimular o auto-conhecimento, auto-estima, ter sentimento de grupo e colaboração mútua como valor mais significativo que a competição individual; buscar a sensibilidade e a compreensibilidade do mistério da vida e do ser; pensar planetariamente; buscar espiritualidade integral.

GRUPO HOLOS – Uma Nova Visão do Ser Humano
Patrono: Kau Mascarenhas
Coordenador: Maria da Conceição De Man

"Um ser humano é uma parte do Todo, que se chama Universo, mas que se apresenta como uma porção limitada no tempo e no espaço. Ele é interpretado através de sentimentos e pensamentos, como algo separado do Todo, uma espécie de ilusão ótica de sua consciência. Esta ilusão é uma prisão que restringe os seres a seus desejos pessoais e ao afeto por uns poucos, somente aqueles mais íntimos. É necessário livrar-se desta prisão ampliando o círculo e compaixão para abraçar todas as criaturas vivas e toda a Natureza em sua plenitude."
Albert Einstein

O GRUPO HOLOS objetiva fomentar o entendimento da visão holística como forma de compreender o ser humano em sua totalidade. Reconhece a importância da visão holística para o despertar da consciência sócio-ambiental e compreensão da responsabilidade planetária. Busca desenvolver estratégias que promovam o crescimento pessoal e profissional bem como viabilizar recursos com aplicabilidade organizacional.

Grupo Cidadania Empresarial
Patrono: Fábio Rocha
Coordenador: Helenice da Costa

Responsabilidade Social Empresarial é mais uma demanda das instituições que buscam sobreviver, crescer e perpetuar-se em um mercado globalizado. A responsabilidade social empresarial cada vez mais apontada como um fenômeno que está obrigando as empresas a repensar seu papel e a forma de conduzir seus negócios; ela não se resume ao financiamento de projetos sociais no entorno imediato da empresa. Trata-se de uma atitude global socialmente responsável e ética em todas as relações, seja com a comunidade, os trabalhadores, os fornecedores, clientes, governo e meio ambiente.

A integração empresa-entidades filantrópicas (comunidade) traz consigo benefícios para ambas as partes. De um lado, as empresas transmitem conceitos da administração (avaliação de resultados, estabelecimento de metas, parcerias, estratégias), de outro, as entidades filantrópicas possuem como colaboradores pessoas que fazem mais com menos, ensinam sobre motivação, foco e trabalho em equipe, enfim é local onde surgem líderes ativos, cada vez mais procurados pelas corporações.

Neste sentido, o grupo Cidadania Empresarial tem buscado estudar as relações empresariais com um novo olhar para o investimento na área social.

Grupo RH Hotelaria
Patrono: Angela Sousa
Coordenador: Márcia Valência

Quando um hotel perde um colaborador, perde também tudo o que foi investido em sua seleção e treinamento, sem falar das indenizações legais do desligamento. A alta rotatividade de funcionários significa custos para a empresa, além de manter um clima corporativo de instabilidade.

Pensando nisso, o grupo RH Hotelaria está desenvolvendo uma pesquisa pioneira em Salvador. A amostra inclui oito hotéis cinco estrelas e 12 hotéis três estrelas. Ao todo, os pesquisadores estão ouvindo opinião de 640 pessoas sobre o que provoca a alta rotatividade de colaboradores. Pelas respostas obtidas até agora, nem sempre o salário é o fator mais importante para manter o funcionário na empresa. Outros fatores, como relacionamento interpessoal e a possibilidade de crescimento, podem ser tão ou mais importantes do que o salário.

Atualmente, o grupo RH Hotelaria está em fase de pesquisa de campo e tabulação dos dados. Mais adiante, o grupo pretende analisar as respostas para, a partir delas, propor melhorias que evitem a alta rotatividade no ramo hoteleiro baiano.

Grupo Recrutamento e Seleção de Talentos
Patrono: Sonia Costa
Coordenador: Heveline França

Preconceitos de raça, sexo, escolaridade e idade não devem interferir no momento de analisar se uma pessoa é ou não indicada para ocupar uma vaga de trabalho. A ética deve sempre pautar a ação do profissional de Recursos Humanos, para que ele consiga vencer as limitações que fazem parte do seu trabalho. Esse é um dos focos do grupo Recrutamento e Seleção de Talentos da ABRH. Os integrantes do grupo discutiram a importância da ética na profissão e procuraram ampliar o leque de ferramentas de seleção, para tornar os resultados mais eficazes.

As ferramentas mais tradicionais do profissional de recrutamento e seleção são a entrevista, a dinâmica de grupo e a análise psicológica. O grupo discutiu essas ferramentas usuais, mas procurou também técnicas alternativas, como a grafologia e o uso de sistema de gestão informatizado. Os profissionais também estudaram maneiras de driblar outras limitações de sua área de atuação: as indicações fora de perfil e a falta de feedback aos candidatos.

Em 2003, o grupo Recrutamento e Seleção de Talentos pretende realizar uma pesquisa prática em uma empresa. As observações podem vir a servir de base para um artigo ou projeto na area.

Folder do II Encontro dos Grupos de Estudo
– Peça Teatral –

Folder do II Encontro dos Grupos de Estudo
– Peça Teatral –

Grupo Experimental de Teatro da ABRH-BA
apresenta
"Você faz a diferença"

com
Aldenora Sá
Amanda Maia
Antônio Carlos Costa
Cecília Santos
Dagmar Abreu
Gilberto Ramos
Heloína Sarmento
João Marciano Neto
Luciana Ferreira
Márcia Leite
Márcia Valência
Maria Célia Urpia
Rafael Pellens
Rita Bicalho

TEXTO
Grupo Experimental de Teatro da ABRH-BA

PRODUÇÃO E DIREÇÃO
Chico Nascimento
Amanda Maia
DIRETORIA GÊCNICA
Catarina Coelho Marques

O Grupo Experimental de Teatro da ABRH-BA nasceu da vontade de mostrar os trabalhos realizados pelos grupos de estudo de forma diferente, inovadora, vivendo intensamente o ser R.H.

Após alguns encontros e muitas descobertas e experiências nasceu o espetáculo "Você faz a diferença", que faz um passeio pela mente de cada um dos envolvidos, personificando seus pensamentos, conflitos, idéias, energias.

Você verá em cada cena, o produto dos trabalhos de 2002, e será convidado a caminhar neste mundo surreal. Deixe-se levar nesta viagem, para descobrir que você é a parte mais importante da busca da ABRH-BA pela evolução dos seres humanos.

Amanda Maia

Você Faz a Diferença
Peça Teatral

Argumentos: Grupos de Estudo da ABRH-BA

Texto e Direção Artística: Chico Nascimento e Amanda Maia

Cena 1 – Magnetismo e Sucesso!

(Exercício de hipnose. Música de pulsação forte. Os atores entram apressados, formam duplas, estranham o ambiente, os parceiros fazem foco um no outro, mantendo distância aproximada de 2 metros. A música vai baixando, os parceiros se aproximam, a música pára, um dos parceiros espalma a mão direita a um palmo do rosto do outro, ouve-se uma música lenta, começa o exercício de hipnose que só termina quando entra o texto da cena 2.)

Cena 2 – Treinamento e Desenvolvimento

Todos – O tempo é de mudança! Estamos abertos a novas informações. As pessoas fazem a diferença nas organizações de sucesso!

P1 – Parem! Todos os dias somos bombardeados com novas informações. Sinto-me atraído pelas novas propostas de treinamento e desenvolvimento, porém não sei por onde começar.

P2 – (Improvisação de componente do Grupo T&D.)

(Jogo dramático: Rompendo barreiras. P1 fica no centro do palco, os outros personagens vão se aproximando lentamente, vão fechando o cerco, dão as mãos e giram alternadamente no sentido horário e anti-horário. P1 vai tentando romper o círculo, atirando-se sobre os braços dos outros personagens. Som estridente, todos congelam.)

Crianças – Muitos encontram-se perdidos, acreditam na existência de barreiras intransponíveis, divulgam fracassos, admitem ser impotentes, por isso convergem para um precipício de dores e lamentos. Há um tempo em que os sentimentos focalizam o futuro, desvirginam a insensatez, fortalecem o desejo de vitória.

Tudo se torna possível, os obstáculos são vencidos. Barreiras são desafios, e você faz a diferença.

(Vira-se para P1): Não desista nunca!

(O jogo continua, P1 rompe o círculo, abraça as crianças, de mãos dadas saem de cena, os outros personagens recuam até o fundo do palco).

Cena 3 – Recrutamento e Seleção

P3 (cético, para a platéia) – Quer ver a coisa ficar difícil? É só falar em recrutamento.

P4 – Este pensamento não condiz com a realidade atual! (Os demais personagens arrumam-se para fazer uma entrevista. Formam uma fileira e vão tentar uma "chance".)

P3 – Você quer dizer que vencemos o método tradicional? (Um a um, P3 vai descartando e cada personagem volta para o fundo do palco frustrado, mas torcendo para que P4 consiga persuadi-lo.)

P4 – Estou falando de ética em recrutamento e seleção! Da necessidade de perceber o ser humano como um todo, identificando conceitos e práticas mais eficazes no nosso dia-a-dia.

P3 (pensando alto) – Técnicas de apoio, sistema de gestão informatizado, grafologia...!

P4 – Os avanços nessa área nos animaram tanto que vamos realizar uma pesquisa prática numa organização!

P3 (interrompendo) – Para que isso?

P4 – Seleção por competência! Seleção por competência!

(Os personagens do fundo do palco entram correndo, param na frente do palco como se estivessem procurando algo que deixaram cair, P5 aponta para o teto, todos caminham com foco nesse ponto.)

Cena 4 – Jogos Empresariais

P5 – Estão vendo?

P6 (repassando a pergunta) – Estão vendo?

P7 – É sempre assim (todos mudam o foco para P7). O jogo às vezes começa sem que a gente sequer perceba. Estou falando do jogo da vida.

P8 – O jogo é uma atividade espontânea.

P9 – O jogo admite regras, define o tempo de duração...

P5 – Indica o que é permitido e proibido.

P6 – É possível proibir alguma coisa no jogo?

P7 – Claro. O jogo pelo jogo pode trazer conseqüências desastrosas.

P9 – O jogo não é um fim em si mesmo. É um dos meios para atingir objetivos maiores.

P5 – Estão vendo agora? (Aponta para o teto, todos olham).

Todos – Durante um bom tempo na vida tivemos um olhar perdido.

P8 (para a platéia) – O olhar que se perde em nada contribui na definição de um caminho significativo e realizador.

(Todos, exceto P8, voltam para o fundo e vestem uma bata colorida. P10 traz a bata para P8 e fala para a platéia.)

P10 – Mais do que uma sociedade justa, o homem quer uma sociedade feliz.

(Entra a música Aquarela do Brasil, e todos caem no samba.)

P11 – O Brasil, embora não ocupe lugar de destaque no ranking das destinações turísticas mundiais, é considerado o país do turismo.

(Todos respiram lentamente com ar orgulhoso.)

Cena 5 – RH Hotelaria

Todos – Bahia, terra da felicidade!

P11 – Ah, então vamos brincar, vamos ser felizes! (Toca em P15) Tá com você!

P15 – E eu? É... eu não quero brincar não. Eu não me sinto... integrado, sabe? (Toca em P16) Tá com você! (Cruza os braços e paralisa.)

P16 – O quê? Eu não. Ninguém me escuta. (Toca em P17) Tá com você. (Cruza os braços e paralisa.)

P17 - Ah, comigo não! O meu chefe é um cavalo! Ele não vai gostar nada, nada desta história. (Toca em P18) Tá com você! (Cruza os braços e paralisa.)

P18 – Com a miséria que eu ganho você acha que vou querer brincar? Ah... por favor! (Cruza os braços e paralisa.)

P7 – E tem também a falta de treinamento, envolvimento...

P6 – A falta de comunicação, a falta de...

P11 – Ah, chega! Essa brincadeira está muito chata. Alguém aqui pode me dizer o que é que se faz pra trazer de volta a tal FE-LI-CI-DA-DE?

Todos – MOTIVAÇÃO!

(Volta a música e os personagens saem de cena, dançando.)

Cena 6 – Holos

(Bolero de Ravel. Luz tênue, os personagens entram, formam duplas, executam o exercício do cego e o guia. P12 pára, vai tocando as duplas, elas congelam ao serem tocadas, após a fala de cada personagem os parceiros vão trocando de duplas.)

P12 – Muitas vezes somos conduzidos por mãos desconhecidas.

P13 – A visão holística surge para ascender esperanças de uma visão de mundo diferente.

P14 – Queremos resgatar a essência na sua totalidade pessoal.

P13 – Quero amar, amar e superar os sentimentos destrutivos.

Todos – Medo, orgulho, ódio...

P14 – Quero pensar planetariamente, buscar espiritualidade integral.

Todos – Quero tornar-me inteiro!

(Os personagens olham-se emocionados e satisfeitos com a batalha que têm pela frente. As crianças entram e todos voltam-se para elas.)

Crianças (saindo da lateral) – Muitos encontram-se perdidos, acreditam na existência de barreiras intransponíveis, divulgam fracassos, admitem ser impotentes, por isso convergem para um precipício de dores e lamentos. Há um tempo em que os sentimentos focalizam o futuro, desvirginam a insensatez, fortalecem o desejo de vitória, tudo se torna possível, os obstáculos são vencidos. Barreiras são desafios, e você faz a diferença.

(Todos vão até a boca de cena e apanham taças de champanha. P14 propõe um brinde.)

P14 – Então, um brinde!

Todos (com as taças erguidas) – Você faz a diferença!!!

FIM! (Se é que ele existe. No teatro, um espetáculo não termina ao cair do pano. Nesse momento começa o espetáculo particular de cada espectador. Nos bastidores os atores contemplam a projeção virtual de suas vidas parcialmente entregues aos personagens, que, ainda cúmplices, escapam com vida dos conflitos inacabados do palco de cada dia.)

Chico Nascimento

Chico Nascimento é ator, diretor e arte-educador. Desenvolve projetos de arte-educação no Colégio Úrsula Catharino e está à frente de diversas ações e projetos de fortalecimento da cultura em comunidades de Salvador utilizando a linguagem do teatro. Foi professor no Projeto de Fortalecimento das Associações Comunitárias em Tucano – BA – através da Universidade Federal da Bahia. Atualmente está encenando o texto de sua autoria "A Confissão dos Infiéis" junto ao GAVS – Grupo de Assistência Vida e Saúde em benefício da Casa dos Idosos. Como líder comunitário desenvolve trabalho de esporte e teatro na comunidade de Pernambués através da CUB – Comissão Unida de Pernambués.

Amanda Maia

Amanda Maia é diretora e autora teatral com espetáculos realizados nos estados de Minas Gerais, Rio de Janeiro e Bahia. Consultora artística em projetos socioculturais, suporte técnico para escolas e empresas e criadora de metodologia de teatro para o autoconhecimento. Atualmente está à frente da Companhia Camelot de Arte Cênica e Desenvolvimento Humano e, dentre outras atividades, dirige o espetáculo "Evocações", desenvolvido com profissionais das mais diversas áreas que utilizam o teatro em todas as suas possibilidades como ferramenta para a sua evolução pessoal e profissional.

Artigos

Grupos de Estudo — ABRH-BA e Você Construindo um Novo Tempo

"Cada pessoa, em sua existência, pode ter duas atitudes: construir ou plantar. Os construtores podem demorar anos em suas tarefas, mas um dia terminam aquilo que estavam fazendo. Então param e ficam limitados por suas próprias paredes. A vida perde o sentido quando a construção acaba. Mas, existem os que plantam. Estes às vezes sofrem com tempestades, com as estações e raramente descansam, mas, ao contrário de um edifício, um jardim jamais pára de crescer. E, ao mesmo tempo que exige a atenção do jardineiro, também permite que para ele a vida seja uma grande aventura. Os jardineiros se reconhecerão entre si porque sabem que na história de cada planta está o crescimento de toda a terra."

Nós, da ABRH-BA, somos todos jardineiros na busca de encontros e parcerias... Na produção de sementes, que certamente darão promissores frutos, porque acreditamos no homem como ator e autor do seu próprio processo de descoberta e crescimento

Ciente de que juntos poderemos crescer e estabelecer uma relação de ganha-ganha, é que a Diretoria Técnica traz em seu bojo a criação dos Grupos de Estudo, com o objetivo de promover a integração, a geração de novos saberes e a troca de experiências entre as organizações, entidades públicas e privadas e entre elas e a ABRH-BA, através da discussão das inovações e tendências na área de Gestão de Pessoas.

Neste novo milênio, vivemos situações inusitadas e transformadoras, onde a globalização é a palavra de ordem e onde as mudanças passam a acontecer tão rapidamente que o conhecimento e a informação tornam-se poderosos instrumentos para o alcance do sucesso nas organizações.

Quem pretender sobreviver neste mercado, onde os desafios se apresentam cada vez mais constantes, precisará buscar profissionalizar a sua

Artigos

gestão, criando estratégias que conduzam não só a empresa ao sucesso, mas que possam mantê-la num patamar de produtividade e competitividade.

Analisando o contexto sob esta ótica, enfatizamos que o conhecimento certamente se dará através do ensino-aprendizagem e da interação grupal dentro das organizações, e que as equipes de trabalho terão um papel primordial como facilitadoras do processo do "aprender a aprender". Fundamentando-se na concepção de educação como uma necessidade do ser humano que vive em constante "estado de aprendiz", desenvolvendo-se e atualizando-se permanentemente a partir das provocações internas e externas, é que os Grupos de Estudo terão o papel de provocar discussões sobre temas pertinentes à área, buscando através do somatório das vivências a garantia da construção de conteúdos significativos e consistentes para as empresas participantes.

A experiência tem mostrado que o engajamento dos indivíduos em grupos de estudo, quando criteriosamente organizados, torna-se altamente produtivo, porque além da aquisição de novos conhecimentos, os encontros possibilitam o exercício da criatividade, da reflexão, do senso crítico, do raciocínio lógico e do poder de argumentação e de negociação.

A ABRH-BA vem, pois, propor esse novo produto ao seu associado (www.abrhba.com.br), acreditando no seu papel de jardineiro, por entender que, na história de cada criação, o aprendizado é e será sempre o diferencial na construção de um Novo Tempo.

Catarina Coelho Marques
(Artigo publicado no jornal A TARDE em 25/11/2001.)

Artigos

Grupos de Estudo: Do Sonho à Realidade

"O futuro pertence àqueles que acreditam na beleza dos seus sonhos."

Sonhos são desejos que se realizam a depender do querer e do acreditar. Idéias tomam forma, se estruturam e se solidificam quando se crê naquilo que se deseja verdadeiramente. Assim como a larva se transforma em borboleta e renasce para a vida, assim também acontece com os desejos, crenças e "quereres".

Falar de sentimento, de emoção, de doação, de partilha é muito comum no *habitat* do profissional de Gestão de Pessoas. A ele foi conferida uma missão: a de lidar com pessoas, com seres humanos complexos, únicos, indivisíveis e, por isso mesmo, especiais.

Falar de gente é estar aberto para as possibilidades de acolher o outro, de ouvi-lo, percebê-lo na sua plenitude e na sua essencialidade. A inclusão passa a representar a razão maior do seu viver a cada dia, porque percebe que se fortalece na relação com o outro. Que o espetáculo da co-participação não exclui a individualidade mas, sim, reforça a singularidade e a indivisibilidade.

Todos esses movimentos estarão certamente embutidos no processo de crescimento dos Grupos de Estudo, porque foram pensados, não apenas para a produção de novos conhecimentos e trocas de experiências, mas, principalmente, para despertar no seu cerne o SABER SER. O SABER é importante, porque produzimos em cima do conhecimento. O SABER FAZER é muito mais, porque alia o conhecimento à experiência. Contudo, o grande desafio é o SABER SER, porque vai conferir ao indivíduo o grande diferencial. É o que vai fazer dele um ser único de ação e palavra, na sua própria relação dialética de SER.

Por acreditar na "beleza dos nossos sonhos" é que vamos estar compartilhando com os associados da ABRH-BA a realidade do lançamento dos Grupos de Estudo no dia 6 de dezembro de 2001, às 18:30h no Ho-

Artigos

tel Sol Bahia Atlântico, tendo como convidada especial a Consultora Maria Rita Gramigna, autora dos livros "Jogos de Empresa e Técnicas Vivenciais" e "Modelo de Competências e Gestão dos Talentos".

Queremos, pois, agradecer a todos aqueles que apostaram no embrião do sonho, que compartilhado se transformou em rebentos de sonho e que, pela força e energia com que foi concebido e apropriado, conseguiu germinar e se tornar realidade.

O primeiro passo foi dado. Acreditamos que grandes passos ainda virão na consolidação desses grupos. Esperamos que estejamos todos juntos na construção desse novo momento.

Catarina Coelho Marques
(Artigo publicado no jornal A TARDE em 2/12/2001.)

Artigos

I Encontro dos Grupos de Estudo da ABRH-BA

Todos somos movidos a sonhos. Sonhos grandes, pequenos, do tamanho das nossas necessidades. Sonhos que nascem a cada dia, a cada hora, a cada minuto. Sonhos que desabrocham e que tomam forma, transformando-se em objetos dos nossos desejos. Sonhos que nos motivam a viver e a buscar realizações, através da crença de que podemos, de que somos capazes de acreditar com a mente, mas, principalmente, com o coração.

Acreditar na beleza dos nossos sonhos é sermos capazes de buscar transformá-los em ação. E foi assim que os Grupos de Estudo se tornaram realidade. A caminhada na construção de cada grupo foi e está sendo muito rica e prazerosa. Poder compartilhar de todos os momentos tem sido uma experiência indescritível... O aprender a ser e estar tem me fortalecido enquanto pessoa e contribuído para que todos se fortaleçam, recebendo e dando ao outro o que temos de melhor.

Cada grupo, ao se delinear, trouxe um diferencial próprio, peculiar do seu momento e da sua forma de existir. Os caminhos foram diversos, mas permeados de um sentimento de pertencer, de incluir. Muitos chegaram e partiram e muitos chegaram e permaneceram. Descobriram a importância do trocar e do confiar no outro. Tive a felicidade de, lado a lado, participar desse processo e acompanhar os erros e acertos, as alegrias e as dificuldades. Em alguns momentos, alguns tropeçaram e foi preciso rever e repensar as estratégias, para conseguirem seguir em frente mais maduros.

As possibilidades do caminhar juntos, trocando, ouvindo, empatizando, dialogando e construindo foram os diferenciais de cada grupo. Que eles possam continuar a abrir as mãos num gesto de dar e receber o outro. Acolher os parceiros e cúmplices de estrada.

Que continuemos no propósito de crescer. Esta é apenas uma primeira etapa, uma pausa para rever a construção. Quantos tijolos já foram colocados? Quantos ainda serão precisos? Outros momentos se repetirão ao longo desse e do próximo ano. Os laços serão fortalecidos e no final tere-

Artigos

mos a grata surpresa de perceber que já não somos eu e eu, mas nos transformamos em nós, unidos pela relação vincular de afeto. Os primeiros momentos de inclusão já aconteceram. Agora é continuar acreditando que a alegria do COM VIVER e do COM PARTILHAR irá trazer de crédito o grande segredo do ganha-ganha. De estar com o outro e estarmos todos juntos, na relação do crescer e do viver. Do trocar experiências e conhecimentos, mas, sobretudo, do trocar afetividade. Saber que podemos contar a qualquer momento com o outro. Com o porto seguro. Não importa o tamanho do veleiro. Importa que ele veleje tranqüilo em qualquer mar, sentindo que no momento do desembarque as âncoras estarão firmemente enraizadas no ancoradouro. Que o destino dado a cada embarcação possa representar crescimento para os grupos e também para a ABRHBA, que acreditou na relação dialética do navegar...

Catarina Coelho Marques
(Artigo publicado no jornal A TARDE em 15/9/2002.)

Artigos

Ousando, Inovando e Crescendo: Construindo e Reconstruindo Caminhos

Dia 6 de dezembro de 2001! Dia do grande lançamento do projeto dos Grupos de Estudo da ABRH-BA!!! Projeto que nascia com o objetivo de trazer um diferencial na área de gestão de pessoas, para uma associação que falava de pessoas, lidava com pessoas e valorizava pessoas – capital humano – razão de ser de qualquer organização.

Expectativa, vontade de acertar, acreditar que podia... Preparativos mil. Tudo precisava sair conforme o planejado. Apresentar o projeto dos grupos era como apresentar um filho que iniciara a gestação em setembro e que já se descortinava para o novo... Um sonho sonhado com determinação, coragem, compromisso, esperança de poder contribuir para o crescimento das pessoas e das empresas, vislumbrando a oportunidade de ser agente co-participante desse processo de construção de novas possibilidades.

Ousando para inovar e inovando para crescer. Crescendo com a ousadia peculiar do profissional de pessoas, que carrega o cajado com a maestria de quem rege uma orquestra!

Primeiro capítulo: Sucesso total. Aprovação pelos associados e não-associados... Corrida à ABRH-BA para se tornar sócio de uma entidade que trazia não só a proposta de um estudo técnico-científico na área de desenvolvimento de seres humanos, mas também a oportunidade de poder trocar experiências com os colegas da área.

Segundo capítulo: Março de 2002. Formação de 6 Grupos de Estudo que iniciaram suas atividades de construção de esquemas de trabalhos inovadores, buscando estudar, entre outros temas, gestão por competências com foco em remuneração (Grupo Inovações em Gestão), rotatividade na área de hotelaria (Grupo RH Hotelaria), seleção através da grafologia (Grupo Recrutamento e Seleção de Talentos), visão holística e a compreensão do ser humano na sua totalidade (Grupo HOLOS – Uma Nova Visão do Ser Humano), jogos para gerenciamento (Grupo Jogos Empresariais), visão

Artigos

sistêmica na área de T&D (Grupo Treinamento e Desenvolvimento). Em junho, mais um grupo se constituiu, objetivando o estudo da Responsabilidade Social (Grupo Cidadania Empresarial).

Terceiro capítulo: 1 de agosto de 2002 – I Encontro dos Grupos de Estudo. Apresentação do material produzido no primeiro semestre de 2002 e integração dos participantes. Novo sucesso! Produtos criativos e técnicos elaborados pelos associados dos diversos Grupos de Estudo. Sem dúvida, uma bela festa! Na ocasião, tivemos a oportunidade de escrever que não importava o tamanho do veleiro, mas que pudesse velejar em águas tranqüilas sentindo no momento do desembarque a segurança do ancoradouro escolhido. E foi isso o que aconteceu e continua acontecendo com as pessoas. Criaram raízes e se fortaleceram nos encontros dos grupos. Criaram vínculos...

Quarto capítulo: 11 de dezembro de 2002 – II Encontro dos Grupos de Estudo. Um ano precisamente, depois do lançamento do projeto. O sonho que se tornou realidade e que se consolidou... Cada estágio alcançado foi um novo construir e reconstruir de caminhos e de possibilidades. Acreditamos que este dia também seja coroado de novos saberes, de novas trocas e de muitas alegrias. Para isso, a apresentação dos grupos se dará de forma criativa, inovadora e inédita... Venham, pois, festejar conosco esse inesquecível momento... Sejam todos nossos convidados!!!!

Catarina Coelho Marques
(Artigo publicado no jornal A TARDE em 8/12/2002.)

Artigos

"Falando de Sonhos e de Realidade"

Estamos chegando à reta final para a edição do livro dos Grupos de Estudo da ABRH-BA, cujo lançamento acontecerá no VII CONORH – Congresso Nordestino de Recursos Humanos – a ser sediado em Salvador nos dias 5, 6 e 7 de abril de 2004, cuja Coordenação Geral nos foi delegada e aceita com muita honra, comprometendo-nos a transformar esse evento num veículo condutor de novos saberes para todos aqueles que lidam de alguma forma com pessoas, entendendo que só crescemos quando construímos com o outro o nosso estar no mundo.

Para que o livro dos grupos se tornasse realidade como produto da Diretoria Técnica da ABRH-BA foi necessário que os associados acreditassem que podiam, que estivessem dispostos a trocar saberes e experiências, aprendendo e ensinando a arte do compartilhar e do pertencer, fortalecendo a relação ganha-ganha, tão importante em qualquer situação de relacionamento grupal.

A força da equipe que fez acontecer só veio a fortalecer nossa crença de que sozinhos não somos ninguém. De que precisamos do outro para seguir elaborando e reelaborando conceitos, adquirindo novas habilidades e atitudes, descobrindo que o nosso poder é infinito e que sempre podemos mais. Que a cada desafio um novo passo é dado para o alcance dos objetivos e das metas a que nos propomos alcançar.

Na vida corporativa, o processo não é diferente. Temos a clara leitura de que o trabalho compartilhado flui com mais produtividade, contribuindo de forma mais rápida e eficaz para o alcance dos resultados, porque é realizado a muitas mãos. Cada ator com conhecimentos próprios, experiências, valores, histórias de vida, vai tecendo a rede de processos, conseguindo ultrapassar os obstáculos empresariais e descobrindo as soluções para os problemas e situações emergentes.

O livro dos Grupos de Estudo transformou-se em realidade e terá uma história a ser contada. Contada por todos que tiveram a oportunidade de vivenciar cada momento dela, uma experiência diferenciada, própria do seu tempo e espaço, do seu momento de caminhada de vida.

Artigos

Temos ainda muitos desafios a enfrentar, mas, unidos, seremos imbatíveis. Esta força vital que vem de cada um, ao somar-se, multiplica-se e ganha um poder infinito e indivisível. Este conjunto de esforços certamente irá conduzir o projeto "do sonho à realidade". Uma realidade que foi sonhada em julho de 2001 quando da concepção desse projeto por nós, e uma realidade já palpável e sentida que será comemorada em abril de 2004.

Foi gratificante partilhar histórias, vivências, alegrias, encontros e desencontros, avanços e retrocessos... O saldo foi positivo! Continuamos juntos e permaneceremos juntos. Cada um na sua forma de ser diferente e de ser especial. Fizemos a diferença. Somos todos vencedores!!!!

> *"Aquele que toma a realidade e dela faz um sonho é um poeta, um artista. Artista e poeta será também aquele que do sonho faz a realidade." (Malba Tahan)*

Catarina Coelho Marques
(Artigo publicado no jornal A TARDE em 2/11/2003.)

Considerações Finais

"Acreditar quer dizer ouvir com o coração", já dizia Luiz Antonio Gasparetto no seu livro intitulado "Atitude". Segundo ele, desejar é um querer sem crer, mas acreditar é colocar a força do pensamento e do coração naquilo que queremos que aconteça.

Foi acreditando que este livro pudesse se tornar real, que investimos nele, mesmo sabendo que não seria uma tarefa fácil. Quando contatamos com a editora e resolvemos que o livro seria publicado, quase não tínhamos nenhum material em mãos, porém tínhamos a certeza de que os grupos estavam escrevendo e registrando seus estudos. E aceitamos o desafio deste "quase impossível" compromisso.

Assim, acionamos os grupos e solicitamos que escrevessem as suas histórias e mandassem junto com o material de estudo produzido, para que pudéssemos dar uma forma e enviar para editoração o mais rápido possível. O tempo era escasso, mas a vontade, soberana.

Organizar um livro é ter a ousadia de juntar escritos diversos de autores que registram suas percepções deferenciadas de mundo, de contexto, de saberes, de crenças distintas, de conhecimentos e de experiências, e poder transformá-los numa cadeia de sucessivos acontecimentos, dando uma lógica estrutural e uma linguagem coerente ao objetivo proposto.

Tentamos reproduzir a história de cada grupo com as suas variáveis, o seu tempo, o seu modo de condução, a sua metodologia e a sua articulação na apropriação do conhecimento. Achamos pertinente também, a inserção do material que serviu de suporte para a sua construção, subsidiando o leitor com ferramentas que venham a lhe proporcionar uma visão ampliada dos recursos utilizados neste processo de formação dos Grupos de Estudo da ABRH-BA.

Temos a certeza de que o processo compartilhado ao longo desses dois anos possibilitou o crescimento dos associados que dele fizeram parte, tanto no que se refere ao acesso a novos conhecimentos, quanto à forma de se perceber enquanto membro dessa infinita teia grupal.

Certamente as mudanças foram muitas, fora e dentro das organizações. Poder contar com a experiência de outros profissionais que também militam na mesma área fortaleceu os vínculos tornando-os mais seguros nas práticas de condução dos seus processos de trabalho. A relação ganha x ganha se estabeleceu para todos: associados, empresas, ABRH-BA.

Não foi nossa pretensão esgotar todos os momentos vivenciados pelos grupos. Se conseguirmos fazer o leitor perceber o quanto foi rico e prazeroso este fazer grupal, já nos daremos por satisfeitos, até porque, em alguns momentos, pensamos que não conseguiríamos dar conta de tamanho feito. Mas o compromisso com as pessoas que acreditaram que podiam "FAZER e ACONTECER", conduziu nossa mente e nosso coração para a sua conclusão.

A experiência de "VIVER GRUPO", de partilhar com o outro trocando conhecimento e afetividade, tornou rica esta caminhada. E a história se fez a passos lentos e rápidos, sendo hoje validada nestas páginas. Encerramos, pois, com os versos do nosso amigo, médico e poeta, Silvestre Sobrinho:

Esforço Coletivo

Neste momento, fica a certeza do quanto foi válido o esforço.

Um erro eventual, os riscos que corremos,

são menos importantes que o resultado do objetivo alcançado.

Talvez porque saibamos que a imperfeição

faz parte da natureza humana.

É que não paramos de lutar em busca

do mais próximo da perfeição que pudemos.

Oferecemos, pois, nem perfeição nem imperfeição,

mas a convicção de um esforço coletivo.

Catarina Coelho Marques.

Entre em sintonia com o mundo

QualityPhone:
0800-263311
Ligação gratuita

Qualitymark Editora
Rua Teixeira Júnior, 441 – São Cristóvão
20921-400 – Rio de Janeiro – RJ
Tel.: (21) 3860-8422
Fax: (21) 3860-8424

www.qualitymark.com.br
e-mail: quality@qualitymark.com.br

Dados Técnicos:

• Formato:	16×23cm
• Mancha:	12×19cm
• Fontes Títulos:	Futura BdCn BT
• Fontes Texto:	CG Omega BT
• Corpo:	11
• Entrelinha:	13
• Total de Páginas:	292